吳小如書法館贊助出品

顧大申自訂年譜手稿

[清]顧大申◎撰 劉鳳橋◎點校

國家圖書館出版社

顧太冲自訂年譜手稿

周退密年九十七題

周退密先生
题耑

顾大申自订年谱手稿

來新夏先生
題耑

見山自在圖

周粟畫像　昉溪補景

見山自在圖

府志有道德守府學本信府家祀字首
專于書無不綜覽性悟質不爻勢援太僕李
少同硯席文筆尤敏迅甚見欣賞每以行誼勗
歲謹益隆知府張九德知縣蕭紹昌聞其名咸
鄉塾先生曰是固我志也抑華崇實造士有方
游其門者文章經術彬彬蔚起稱得師云家
叙來學者正襟講論無間寒暑或賓至宴衎
布袍角巾木榻泊如也早歲庭試為本其所辭
諸生後見本君子貌外傳輒喜勤領色攜之於
能文知自成立而後已其友愛肫篤不宿怨如

目録

劉鳳橋鑒藏之《顧大中自訂年譜手稿》讀後

文・陳復興

我友劉鳳橋先生數年前於滬上幸獲一件珍貴文物，即清初康熙年間撰成的《顧大中自訂年譜手稿》（下簡稱《年譜手稿》），並將手稿影本慨然送我觀摩拜讀，不勝欣幸，獲益良多。

鳳橋是一位職業軍人，部隊新聞工作者，日常專注於本職工作，同時又熱心學術，沉浸書法，鑒藏文物，涵泳研求，無倦無厭。

鳳橋臨帖作書，素來尊尚當代傑出學者吳小如先生教誨，可謂吳先生的私淑弟子。吳先生的書法遠承東晉王氏父子，近繼現代書法名家吳玉如先生的風神血脈。先生晚年視鳳橋爲賢友知交，常有詩作與墨寶惠贈。鳳橋的書藝書風，以及修業進德所濡染熏沐於吳先生者，必將彰顯日新。

茲尤不能不述及者，是鳳橋創建的吳小如書法館。吳先生終生鑽研文史之學，博見而貫一，向主詞章考據義理三者通統之旨。泛議文意，每多創見，士林欽服，時或引據。其書法，實爲其德行學養融溶相渾，旁衍化流而爲翰墨者。但是，先生自甘於落寞之中，而疏隔於世塵之外。從來鄙薄浮囂，婉拒書展，摒棄潤格之事。故外界或識其學，而鮮知其書。鳳橋處事立身，向不攀附時尚鼓噪而出的名流大師一輩，卻獨景慕吳先生其德其學其書，深以爲吳氏之書皆屬參古以定法、望今以制奇的純正之宗，透顯出數千年中國書學傳統之真命脈真精神，足爲虔誠的後繼者摹體定習、因性練才的楷式與範本，故慨然獻出個人住宅，創建吳小如書法館於京郊一隅，展出其珍藏之吳氏各種體式的書作二百餘幅，實爲首都文化遺存中抱玉貯珠之所在。以此，吳先生的德望、學養及書品，必將昭明當世貽澤後代。風恢恢而能遠，流洋洋而可溢。

鳳橋愛好鑒藏，其內心追求與時下商賈貴宦則判然有別。他關注的核心，不是商周鐘鼎，不是晉唐名帖，更不是宋明御窑陶瓷，而是近代思想學術界精英人物的手稿墨蹟，若章太炎、康南海、梁任公等的遺物。他的藏品，不是以所謂『淘寶』私心所獲，閉鎖密室，覬市價而待沽的奇貨，而是視爲珍貴的歷史文獻，從而感悟民族精神的鐘磬和鳴，洞悉文化傳統的江河激蕩。此謂一位純正學人內在信仰的寄托與表徵。他對所藏皆能做出有個人見地的品鑒與論評。若刊於《年譜手稿》影印版後面的考釋之作，即爲顯例。他之重新發現顧大申，並品鑒其學其書的價值，亦可證其學術與藝術睿識之一斑。

顧大申其人，生於明末而活動於清初順治康熙年間，是經國理政卓有事功的國家官吏，同時又具有非同凡響的學術造詣，是深獲同代以及後世評論家讚賞的詩人、書畫家。其《年譜手稿》廣泛地涉及明末清初社會激變時期的人間世相，皆屬譜主目睹耳聞的現實細節或歷史掌故。因爲出於『自訂』而非後世學人撰述，所以尤其真實確鑿，無可置疑。其珍貴價值及清雅情趣是史家巨帙無可比擬不能代替的。因爲是『手稿』，譜主親筆墨蹟，也即其人書藝書風的直接驗證，足稱近古書法藝術的稀珍精品，可供後世觀摩鑒賞。

誠然，《年譜手稿》所提供的信息，皆不出歷史掌故的範圍。可是，惟此掌故始能避免歷史學家所塗上的主觀色彩，而不失其時代的本質特徵。錢鍾書先生說，『在人文科學裏，歷史也許是最早爭取有「科學性」的一門，輕視或無視個人在歷史上作用的理論（transpersonal or impersonal theories of history）已成今天的主流，史學家都衹探找歷史演變的「規律」「模式」(pattern)或「韻節」(rhythm)了』，『實際上，一樁歷史掌故可以是一個宗教寓言或「譬喻」，更不用說可以是一篇小說』（見《一節歷史掌故、一個宗教寓言、一篇小說》，收《七綴集》）。此即啓示我們：歷史學研究不應該衹是遵循某種先驗的理論模式去尋求普遍性的規律，卻輕忽歷史人物的個性經驗並以之抽繹而得的真實記録。這種個性經驗及其記録，就是掌故。而歷史掌故往往也與宗教寓言或短篇小說名著相通，它們皆折射出真實的歷史原貌，衹是採用的方式方法有別而已。

顧大申《年譜手稿》即是三百多年前『個人在

歷史上作用』的誠實自白，是一位傳統士君子進德修業出處行藏的典範升華。雖說立意是貽贈其子孫後代的家教家訓，但是其旁涉明末尤其是清初盛世的諸多社會生活（包括經濟、政治、文化、民俗等）場景，皆可謂歷史掌故而饒有趣味，經得住反復玩味細緻推究。鳳橋對《年譜手稿》的認識及考論，與錢鍾書先生的相關論點冥然相契。他對顧大中《年譜手稿》文化史內涵的綱領性分析也與錢鍾書先生所主張的原則符契無隔，甚值欽服。

關於《年譜手稿》所蘊文化內涵與學術價值，鳳橋論評已經相當系統而全面，無需贅言。但是，還有數點深慨於心者，不揣淺陋，補敘如下：

其一，關於明亡清興的記載，與史家所述頗有歧異。《年譜手稿》載，崇禎十七年李自成起義軍自昌平入京，崇禎帝不得不自縊殉國。李自成部擄大將軍吳三桂父，索要巨額贖金。吳氏不得不請求清軍入山海關，協助平定內亂，爲明帝復仇，爲生父解難。李自成的部屬一接觸清軍，立即作鳥獸散，吳三桂入京特爲崇禎帝舉行葬禮。此說明滅亡大明者非滿洲人，乃是李自成的農民起義，又說明吳三桂的聯清並非遠有動因，乃是形勢所迫不能不採取的選擇。所以如何評價農民起義，需要深入討論。

其二，對於明亡清興，顧大中並無強烈的內心震動。明亡時，顧氏已二十五歲，業已自立成人，而且在家中深受過孝悌之道君臣之義的教育，但是《年譜手稿》中毫無流露家國之痛興亡之恨，倒是特別涉筆而及南明弘光朝福王的無能及其重臣馬士英、阮大鋮等的奸邪貪鄙、誤民誤國的惡行。此則或恐說明在顧氏心目中大明運數已盡，無可救藥，改朝換代亦屬必然。豈非顧炎武所謂『保國者，其君其臣，肉食者謀之；保天下者，匹夫之賤與有責焉耳矣』乎？顧氏在順治朝中進士第後，受任吳門主治河事，並以節省出之公帑爲魯鎮築城，而保一方庶民免於天災人禍，恐即此論之實證。其後受諭敕赴陝任洮岷道僉事，並卒於官，《年譜手稿》不及録。其在陝行事，以其吳門政績亦不難推想而喻也。

其三，作爲《年譜手稿》壓軸之章，則全録康熙帝頒賜敕諭一道。敕諭，即敕戒，爲皇帝頒予赴任州郡大員詔令之一種。劉勰說：『戒敕爲文，實詔之切者，周穆命郊父受敕憲，此其事也。魏武稱作敕戒當指事而語，勿得依違，曉治要矣。』（《文心雕龍·詔策》）意謂敕戒乃詔令中更爲直接切實之體制，魏武帝主張撰寫敕戒應該針對現實情況說話，要明白果決，不可拖遝含糊。證明魏武深通施政的關鍵。此種詔令之體往往即是皇帝給予親族或近臣的手諭，若漢高祖之『敕太子』、光武帝之『敕鄧禹』『敕侯霸』等是。

《年譜手稿》所録諭敕正文約三百餘字，其體式辭風與魏武之論，恰相輝映，足以互證。首先交代洮岷道僉事的職權範圍，其次明確其承擔的責任義務，最後對其施政執法提出具體要求。敕諭顯現出隴西官吏舞弊枉法、盜賊流民竄擾致害、百姓平民艱困憂患這樣一些社會現實狀況。敕諭行文，辭若對面，爾汝相稱，反復叮嚀，不避絮煩。若『撫綏黎民，勤宣德意』，『簡訟清刑，潔己愛民』，『須持廉秉公，使小民樂業』，對邊地少數民族也有保護安撫之政策：『所屬番族，分住關隘內外，須彈壓綏輯，恩信聯絡，使茶法通行，市馬蕃盛。』而對上下官吏尤提出嚴明的考核獎懲舉措。堪稱指事而語，絕無依違的詔命傑構，表徵出有清盛季開明務實的政風。

顧大申領受如此一道敕諭，實即以朝廷欽差身份遠赴邊陲，承擔整飭綱紀、撥正亂局、安撫黎庶的重任。故在辭京西行的路上賦詩申志，曰：『上馬頻傾惜別杯，薊門西去亦悠哉。地隨督亢依山盡，河控桑乾入塞來。老去尚能持漢節，時清應不重邊才。冰霜漸邇君門遠，東望長安首重回。』（《始發良鄉》）頗有一股志士壯別建功立業的豪情橫溢紙背。全録此道敕諭以爲《年譜手稿》的結語，實在含意深長，足資玩味。要之，此篇七律之作，足可作爲《年譜手稿》結語最恰切的注腳。

其四，顧大申是其同代及後世評論家甚爲推尊的詩人並書畫家，但是《年譜手稿》卻基本不涉此中的經歷與感受，甚值玩味。祇有一個例外，即全録其歌行體長詩《隴西行》之序。其序則是記載個人宦途生涯的一個片斷，而不録長詩正文。

康熙十二年癸丑八月，大申抵京師，得補工部製造庫郎中，不浹旬即調任陝西洮岷道按察司僉事。其間同僚『舉朝贈詩者及二百餘篇，無非爲大申惋惜者，作《隴西行》留別同人且以見志』。序文約二百八十字。先述其自吳門夏鎮專司治河一十餘載，至出任京都工部郎中旋調洮岷道按察司職，近一生的仕宦經歷。次述未得在清帝左右竭盡股肱之誠，而遠徙隴西投置閒散的憾恨。其抑鬱失志之情引潘岳《西征賦》和杜甫《秦州雜詩》之旨作比況。後述撰《隴西行》以行古君子贈詩見志之風範。

序文特爲突出之點，即顧大申奉調清王朝中央，滿懷修齊治平的大志，而以春秋楚大夫子文之忠，雖『三已而猶仕』，魯大夫展禽之直，雖屢黜而不去父母之邦相比照，以自我砥礪。但是，面對現實則是『未黜而長辭，命之不辰敢有尤也』，而這正是顧大申深結於心的鬱陶怨悱，發而爲詩即《隴西行》的正文。此詩不衹是顧大申的標誌之作，也應是全清詩的頂端之篇。

全詩可謂顧氏《年譜手稿》最精粹的藝術概括，細讀過《年譜手稿》，則不能不體味《隴西行》所剖白的深層心路歷程。茲分層引録於下：

座客莫舉觴，聽我隴西行。隴西在何所，乃在岷山陽。紫塞西未極，黄雲日蒼茫。孤城列窮徼，洮水連河湟。亭障走萬里，四時盛雪霜。虎豹伺道周，草木爲不長。（以上第一層，述隴西地域之荒僻險惡。——筆者注，下同。）

問君何爲往，奉命臨諸羌。屯戍非所任，將校畫有疆。三州十四城，守令遙相望。各各部其民，臂指不相當。我行佩符璽，顧影生悲涼。南鳥依朔風，斂翮私迴翔。何以塞負乘，報稱良無方。（以上第二層，述西陲校尉守令，各盡其職，自身雖佩符璽，而實無作爲。）

憶我初牽絲，志氣自騰驤。躬逢堯舜朝，素食尚書郎。馳驅不一所，所至食不遑。譏征臚關市，版築周宣防。三握龍虎節，四考推才良。（以上第三層，憶初出仕，專司治河，築夏鎮城，廢寢忘食，忙於政務，肩負朝命，屢受褒彰。）

再廢《蓼莪》詠，歲月疲津梁。執戟誠已困，量移庶有鄉。忝竊登啓事，濫竽羌漢邦。駑馬望鞭策，葵藿傾曦暘。遠念隴頭水，嗚咽摧肝腸。（以上第四層，述不得歸養，受命赴京任事，旋轉隴西就職，誓願爲清廷獻身。）

百爾衆君子，鳴玉佐岩廊。念我陟秦阪，攡辭托圭璋。感激泣路歧，銜恩愧難償。播此寒蟲響，永言志不忘。（以上第五層，述對朝中同僚的祝願，並感激其贈詩送别之情誼。）

可見，《隴西行》詩五十四句二百七十字，一氣呵成，一韻到底。步步事典，化用無痕。其氣質格調則哀而不傷，怨而不怒，深蘊古詩溫柔敦厚之旨，足以遠攀李杜，近比錢吳諸家。故沈歸愚《清詩别裁》精選其作八首，並贊評之謂，『淩虛縹緲，筆有仙氣』，『盛唐氣魄』，『不同泛然比例』

云云，絕非妄褒之辭。

但是，顧大申手訂《年譜手稿》卻不曾載録其詩之片言隻語，尤不曾涉及其書畫筆墨，而其詳載無遺者則是個人大半生的進德修業、政績事功。此正是中國傳統士君子階層以修齊治平大道爲人生價值追求的典型表徵。此正如顧炎武所論：

唐宋以下，何文人之多也！固有不識經術、不通古今，而自命爲文人者矣。韓文公《符讀書城南詩》曰：『文章豈不貴，經訓乃菑畬。潢潦無根源，朝滿夕已除。人不通古今，馬牛而襟裾。行身陷不義，况望多名譽。』而宋劉摯之訓子孫，每曰：『士當以器識爲先，一號爲文人，無足觀矣。』然則以文人名於世，焉足重哉。此揚子雲所謂『摭我華，而不食我實』者也。（《日知録集釋》卷十九）

二顧出處行藏，彼此各異，但是置身之社會情勢則同，皆主經術政事爲立身之本，而詩文書畫僅居潤身之次。上引顧炎武一段文字則最深刻地揭示出顧大申《年譜手稿》何以祇述禮義孝友之道、治河築城及受敕靖邊之任，而並不涉其擅長之詩文書畫之類。

然而，惟其如此，這篇《顧大申自訂年譜手稿》不僅止以其歷史掌故所賦予的文獻價值彌足珍貴，也以其書畫家親筆墨蹟而獨具特色。重其書首在崇其德也。其鑒藏者鳳橋先生不是將其閉鎖個人書簏之中，而是付諸剞劂，播諸學林藝苑。此種視學術爲天下公器的自覺精神，足可垂範於近時收藏界而無愧。

二〇一四年十月十日

上海松江醉白池

醉白池位於上海市松江區人民南路，江南名園，始建於一六四四年，爲明代書家董其昌觴詠處，也是名人學士常遊之地。清順治七年（一六五〇）工部主事顧大申重加修建。顧大申非常崇拜白居易，也常常陶醉在白居易詩的優美意境中，於是也倣效宋代宰相韓琦慕唐詩人白居易晚年以飲酒詠詩爲樂而築醉白堂，將自己的園林命名爲『醉白池』。醉白池歷經三百餘年，至今仍保存有堂、軒、亭、舫、榭等古建築，並保持著明清江南園林風貌。園以一泓池水爲中心，池周古樹參天，樓、堂、軒、榭錯落有致，草堂跨於池上，堂之東爲一座明代風格的四面廳；廊亭依水，魚樂池中；長廊內有名畫家董其昌所寫條幅；邦彥畫廊裏有三十塊石刻，有明末松江籍九十一位名人的職官品位，有寓意落葉歸根的《十鹿九回頭》石刻，有元書法家趙孟頫所書《赤壁賦》石刻，還有清鄭板橋所書《難得糊塗》石刻等。

上海松江
醉白池

小孤桐軒校書圖
昉溪繪

圖版

癸亥，天啓三年，本朝天命八年，四歲。

四月二十一日，□時，先王父以疾終於正寢，年六十有六。〇程氏妹生。

先宜人曰：『疾甚！』命抱大申至榻前，以書櫝匙鑰付之，曰：『我家九葉書鄉在此兒矣。』大申受鑰，喜。先王父雖疾亦甚喜。

府志《有道育宇顧先生本傳》：顧秉禮，字育宇。砥志力學，研窮理奥，於書無不綜覽。性恬質，不交勢援。太僕李時榮、吏部夏嘉遇少同硯席，文成必取正，甚見欣賞。每以行誼勖之，兩人如師事焉。中歲望益隆。知府張九德、知縣聶紹昌聞其名，咸下交，特加欽禮，請主鄉塾。先生曰：『是固我志也。』抑華崇實，造士有方，一以胡文定爲法。一時遊其門者，文章、經術，彬彬蔚起，稱得師云。家素貧儉，恒具脱粟以飯來學者。正襟講論，無間寒暑。或賓至宴衎，未嘗妄言笑。十年御一布袍，角巾木榻，泊如也。早歲應試，爲弟某所齮齕，報罷者再。及爲諸生後，見弟有子就外傳，輒喜動顔色，攜之赴館舍，教肄之，俾皆能文，知自成立而後已。其友愛肫篤不宿怨如此。晚年燕處茅齋，手一編自娱，暇即録古嘉言懿行，著《學箴》以詔後學。及孫大申生，甫四歲，穎慧過人，舉所著述授之，曰：『吾生平苦學不售，今得所矣。』無疾而逝。所著有《四書講義》《毛詩翼傳》諸書，別載《藝文·經傳》中。康熙

○癸亥天啟三年

本朝天命八年四歲

四月二十一日　時先王父以疾終於正寢年六十有六○程氏姊生

先宜人以疾甚命抱大申至榻前以書櫝匙鑰付之曰我家九葉書鄉在此兒矣大申受鑰喜先王父雖疾亦甚喜

府志有道育宇碩先生本傳　碩秉禮字育宇厲志力學研窮理奧于書無不綜覽性恬質不交勢援太僕李時榮吏部夏嘉遇少同硯席文字相知甚見欣賞每以行誼勗之兩人如師事焉中歲往益隆知府張九德知縣聶紹昌聞其名咸下交特加欽禮請主鄉塾先生曰是固我志也抑華崇實造士有方一以胡文定為法一時游其門者文章經術彬彬蔚起稱得師云家素貧饘恒具脫粟以飯來學者正襟講論無間寒暑或賓至宴衎未嘗妄言笑十年御一布袍角巾木屐泊如也早歲應試為弟某所齮齕者再及為諸生後見弟子能外傅輒喜動顏色攜之赴館舍放肆之俾皆能文知自成立而後已其友愛肫篤不宿怨如此晚年葺室茅齋手一編自娛暇即錄古嘉言懿行著學箴以詔後學及孫大申生甫四歲穎慧過人舉所著述授之曰吾生平苦學不售今得所矣無疾而逝所著有四書講纂毛詩翼傳諸書別載藝文經傳中康熙

四年，學使者三韓梁儒以知府張羽明請，崇祀鄉賢。副都御史同郡宋徵輿撰。

甲子，天啓四年，

本朝天命九年，五歲。

乙丑，天啓五年，

本朝天命十年，六歲。

負笈從翁師長卿，忘其名，一歲讀《學》、《庸》、兩《論語》。

丙寅，天啓六年，

本朝天命十一年，七歲。

從翁師學。〇殤二妹生。

丁卯，天啓七年，

本朝天聰元年，八歲。

從慈谿柳師玄谷習《毛詩》。柳課蒙童，令作對語，每對數字，信口而出，師輒歎賞。

四年学使者三韓梁儒以知府張羽明請崇祀鄉賢　副都御史宋同郡
徵輿撰

○甲子天啟四年
本朝天命九年五歲

○乙丑天啟五年
本朝天命十年六歲
負笈從翁师長卿亡其名一歲讀学庸兩論語

○丙寅天啟六年
本朝天命十一年七歲
從翁师学　○殤二妹生

○丁卯天啟七年
本朝天聰元年八歲
從慈谿柳师玄谷習毛詩柳課蒙童令作對語每對數字信口而出
师擊歎賞

戊辰，崇禎元年，本朝天聰二年，九歲。

從蔣師終毛氏業。師故客經，強爲訓授，半歲無寸績。家大夫亟改從周師汝璧。周亦貴介子孫，名爲肄業，嬉戲而已。是歲幾墮前業［功］。

己巳，崇禎二年，本朝天聰三年，十歲。

從沈師啓明終《毛詩》業。小時讀書三四遍即能強記，戊辰所習，至此已茫然不復記憶。沈師性方嚴，每書一首，令坐案側，口授四十遍，縱習熟不已也。故所習經書，終身不忘。是歲《毛詩》卒業。

庚午，崇禎三年，本朝天聰四年，十一歲。

受業於伯父長林公。公少聰穎，亦曾從王父受經，王父以清狂少之，性不能容人。初至館，令讀《文章正宗》，日一篇，見予上口成誦，即令讀二篇，增至六七篇。一日，令讀《治安策》全首，期日中背誦，脱一二字，夏楚交下。先宜人聞之，立貽脯脩，改從姚師元可。公是歲初學制舉業，出就試。

○戊辰崇禎元年
本朝天聰二年九歲
從蔣師綬毛氏業師故客經綸為訓授半歲無寸績家大夫亟改從
周師汝埜周亦貴介子孫名為肄業嬉戲而已是歲幾墮前業切

○己巳崇禎二年
本朝天聰三年十歲
從沈師啟明綬毛詩業小時讀者三四遍即能強記戊辰所習至此已
茫然不復記憶沈師性方嚴每書一首令坐案側口授四十遍繼習
熟不已也故所習經書終身不忘是歲毛詩卒業

○庚午崇禎三年
本朝天聰四年十一歲
受業於伯父長林公公少聰穎亦曾從王父受經王父以清狂少之
性不能容人初至館令讀文章正宗日一篇見予上口輒誦即令讀二篇
增至六七篇一日令讀治安策全首期日中背誦脫一二字夏楚交
下先宜人聞之立貽脯脩改從姚師元可公是歲初學制舉業出
就試

辛未，崇禎四年，本朝天聰五年，十二歲。

三月二十六日午時，二弟鑑生。

受業姚師。師薄舉子業，同館生皆習舉子業，獨令大申與長公朔讀古文，先授《左》、《國》、《公》、《穀》四傳，課誦講解，鼓舞盡神。歲子少予一齡，誦習各不相下，師大快賞。（歲子朔字。）

十二月，華亭令甌寧張太羹先生季試，拔幼童第一，梓其文，以寧馨兒目之。先生名調鼎。

是冬，卜葬先王父於三十九保北外二圖之一里涇。伯母袁氏謝世。母恩撫大申如己子，至此止十二年，以伯父臥病四載，抑鬱不堪，送先王父葬歸，遂卒。

壬申，崇禎五年，本朝天聰六年，十三歲。

受業姚師。有郡諸生吴文熙者，求薦館於歐［甌］寧先生。不許。加摧辱焉。遂強勒爲門徒，不復竟古學。

○辛未崇禎四年

本朝天聰五年十二歲

三月二十六日午時二弟鑑生

受業姚師〻薄舉子業因飯生習舉子業猶令大中與長公翔讀古文先授左國公穀四傳課誦講解鼓舞盡神歲子少予一歲誦習為不相下師大快賞

歲子翔字

十二月華亭令甌寧張太羹先生季試拔幼童第一榜其文以寧馨兒目之先生名調鼎

是冬卜塋先王父於三十九保北外二啚之一里涇○伯母袁氏歿世母貝撫大中如己子至此止十二年以伯父臥疒四載抑鬱不堪送〻王父葬歸道卒

○壬申崇禎五年

本朝天聰六年十三歲

受業姚師有郡諸生吳文興者求薦館於甌寧先生不許加揖辱焉遂強勤為門徒不復竟古學

癸酉，崇禎六年，
本朝天聰七年，十四歲。

納聘於陸公仲明之撫姪［侄］女，即今誥封宜人也。先大夫與伯昌陸公少同里閈，意氣投合。公穎慧絶人，學書習藝，過目便成。當授室時，兩人私訂爲婚姻，未及見而摧逝。先大夫哀念昔游，時感夢兆。所生遺腹女長大申四歲，屬仲明公撫焉。先大夫欲踐久要，不謀宗黨即行納采禮。先一夕大雨，仲明公夢旭日北生，我家在公北，喜慰不釋口。

甲戌，崇禎七年，
本朝天聰八年，十五歲。

宗師倪公元珙歲試，華令甌寧張先生、郡侯穀城方先生岳貢皆列優等，院試不録。復延姚師於家。師令讀《史》、《漢》、《老》、《莊》、《文選》書，學爲古文、詩賦。

乙亥，崇禎八年，
本朝天聰九年，十六歲。

宗師倪公復行科試，縣録第三，府録第一。穀城、甌寧兩先生以大器許之，倪置副卷。〇甲戌試失利，憤懣不欲生。計無復之，故首先寄籍浙之平湖。嘉善令李公陳玉攝縣事，深器賞之。秋月府試，日未晡，成

○癸酉崇禎六年

本朝天聰七年十四歲

納聘於陸公仲明之姪女，即今誥封宜人也。先大夫與伯昌陸公少同里閈，言氣投合，公穎慧絕人，學書習藝過目便輒；嘗授室時，兩人私訂為婚姻，未及見而權逝。先大夫眷念昔游，時感夢兆，所生遺腹女長大中四歲，屬仲明公撫為先大夫後，踐久要不謀宗黨，即行納采禮。先一夕大雨，仲明公夢旭日北生，而我家府在公北，喜慰不釋口。

○甲戌崇禎七年

本朝天聰八年十五歲

宗師倪公元珙歲試，華令甌寧張先生、郡侯穀城方先生嶽貢皆列優等，院試不錄。

復延姚師于家，師令讀史、漢、老、莊、文選，書學為古文詩賦。

○乙亥崇禎八年

本朝天聰九年十六歲

宗師倪公復行科試，縣錄第三，府錄第一。穀城、甌寧兩先生以有器許之，倪置副卷。○甲戌試失利，憤懣不欲生，計無復之，故首先冒寄籍浙之平湖。嘉善令李公陳玉攝縣事，深器賞之。秋月府試，日未晡半四義。吉安文先生德翼以郡司李監試，大奇之，面加批獎。至論題『如鬼如龍』，余以滎陽潘氏論爲對，辯說往復，敘曹魏、諸葛事數千言。先生曰：題乃子瞻《孔北海贊》『視公如龍，視操如鬼也，子誤矣。予曰：『若是，則命題應如龍如鬼』也。先生起座歎伏，立擢第一。○是歲遷居北水關內。

丙子，崇禎九年，本朝崇德元年，十七歲。

正月，候官劉先生鱗長爲浙文宗，科試取入平湖縣學。

四月吉辰，陸宜人以禮于歸。

丁丑，崇禎十年，本朝崇德二年，十八歲。

文宗山左亓先生瑋歲試，華令臨川李先生茹春、郡侯穀城方先生皆以優等送試，復入府庠。

○漳浦李先生瑞和爲郡司李，以文字見知。

戊寅，崇禎十一年，本朝崇德三年，十九歲。

五月初三日酉時，長子輔之生。

時西泠趙方伯林翘在席，通星學，即定四柱，曰：『此子易長且聰慧，惜性剛勁耳。』

七月，亓宗師科試一等八名。

四第吉安文先生德翼以郡司李監試大奇之面加批奬至論題如鬼如龍余以滎陽潘氏論為對辯説性復叙曾和諸葛事數千言先生曰題乃子瞻孔北海賛視公如龍視操如鬼也子悞矣予曰若是則命題應如龍如鬼也先生起座欲伏主擢第一○是歲遷居北水關内

○丙子崇禎九年

本朝崇德元年十七歲

正月偕官劉先生獬長為浙文宗科試取入平湖縣學

四月吉辰陸宜人以禮于歸

○丁丑崇禎十年

本朝崇德二年十八歲

文宗山左齊先生揮歲試華令臨川李先生茹春穀城方先生皆以優等送試復入府庠○滓浦李先生瑞和為郡司李以文字見知

○戊寅崇禎十一年

本朝崇德三年十九歲

五月初三日酉時長子鞆之生

時西冷趙方伯林翹在席通星學即定四柱曰此子易長且聪慧惜性剛勁耳

七月齊宗師科試一等八名

己卯，崇禎十二年，本朝崇德四年，二十歲。

二月，文宗臨洮張先生鳳翮覆科，一等五名。

五月初九日卯時，祖母張孺人無疾而逝，年八十有二。少依怙恃，長奉慈闈，未見大申成立，遽爾淹逝，不覺躄踴失聲。烏鳥寸私，九京何報！

八月，鄉試。同父執陳先生人吉赴省入闈，卷在蜀中何先生綸房，不録。時何爲盧州司李。

庚辰，崇禎十三年，本朝崇德五年，二十一歲。

四月，張宗師歲考，一等第四名。

八月，浙文宗候官許先生豸歲考，批卷首曰：『天下奇才，又一眉山也。』復令覆試。首題『我不欲人之加諸我也』二句，以齊欲伐魯、子貢說吳伐齊以緩魯師爲主。加者，加兵也；我者，魯也；人者，齊也。次題『禹稷當平世』二句，以治河、屯田爲主，內云：『禹之過門不入，已雜見於經傳，與稷並論，何居？觀於治水之後，即定上中下之賦，大約禹所治水之處，即稷所播穀之處。』先生批曰：『千古開闢之論。』亟拔第一，補廩。發落時，先生呼七學諸生，命之曰：『尓等他日取科名

○己卯，崇禎十二年，
本朝崇德四年，二十歲。
二月，文宗臨洮張先生鳳翮，霞溪科一等五名。
五月初九日卯時，祖母張孺人無疾而逝，年八十有二。
少依怙，恃長奉並闈，未見大中成立，遂爾淹逝，不覺踴躍失聲，烏烏
寸私，九京何報。
八月省試，同父執陳先生人吉入闈，卷在蜀中何先生綸房，不錄。時何
為虔州司李。

○庚辰，崇禎十三年，
本朝崇德五年，二十一歲。
四月，張宗師歲考一等第四名。
八月，浙文宗侯官許先生豸歲考，批卷首曰：天下奇才，又一眉山也。溪
令霞試，首題我不欲人之加諸我也二句，以齋於伐魯，子貢說吳伐齊，以
緩魯師為主，加者加兵也，我者魯也，人者齊也。次題禹稷當平世二句，以治河
屯田為內，云禹之過門不入，已雜見於經傳，與稷並論，何居？觀於治水之後，即
定上中下之賦，大約禹所治水之處，即稷所播穀之處。先生批曰：千古開闢之
論，亟拔第一，補廩。發落時，先生呼七學諸生命之曰：爾等他日取科名

有人，欲以文章命世，須讓此生一頭地也。』

辛巳，崇禎十四年，
本朝崇德六年，二十二歲。

文宗蜀宗先生敦一科試，一等二名，補廩。是年，本郡補廩後，浙中欲得廩缺者排擊日至。

許先生又卒於官，因以病辭去浙諸生籍。

壬午，崇禎十五年，
本朝崇德七年，二十三歲。

六月十八日亥時，次兒勉之生。

八月鄉試。同章宗季霖（本練，後改名。）章武謀颬高赴省入闈，卷在江右李先生曰池房，不録。時李爲鎮江司李。

有人以文章命世須讓此生一頭地也

○辛巳崇禎十四年

本朝崇德六年二十二歲

文宗習宗先生取一科試一等第二名補廩

是年本郡補廩後浙中以得廩缺者排擊日至許先生又卒於官

因以病辭去浙諸生籍

○壬午崇禎十五年

本朝崇德七年二十三歲

六月十六日亥時次兒勉之生

八月鄉試同章宗季霖（本練後改名）章武謀賜高（赴省）入闈卷在江右李先生同池房不錄

時李為鎮江司李

癸未，崇禎十六年，本朝崇德八年，二十四歲。

是歲館於甌寧張先生常鎮道署中。〇遷居章氏西園。〇宗宗師鄉試一等八名。

六月十九日，京口浙、閩兵爭，縱火延燒，彼此殺傷甚衆。當事皆野服潛出城，更漏下乃定。

予辭先生歸省，過獨墅湖，風雨覆舟，幾至不救。

十二月，伯父洪宇公以除夕亥時長逝，年六十有四。

伯父無子，與伯母袁孺人視大申如己出。自懷抱以迄成立，鞠育備至。是夕呼大申至榻前曰：『我福薄，不及見爾成名。汝努力向上，我含笑入地矣。』言訖，嗚咽涕泗，引面內向。

坐俟屬纊，已四鼓矣。痛哉！

甲申，崇禎十七年，本朝順治元年，二十五歲。

三月十九日，闖賊李自成自居庸入寇京師，崇禎帝死社稷。賊拷掠京朝官，楚毒倍至。其迎降者反顔受僞官。四月報至，吳中人情皇皇，疑信相半。傳聞賊渠某者，有所要索於大將軍吳三桂之父，不應，書寸紙遣飛騎縋出，曰：『賊逼我甚，將不免。汝急求援，爲先帝復仇也可，爲活而父也可。』大將軍得書，亟求援於東朝。諸王公以下疑未決。今上叔九王者，折箭誓吳，率五萬人同行。師抵一片石，賊已燔宮闕，鼓行而前。步騎號四十萬，拒十五里營焉。大將軍假東師白帽萬具，領所部衝鋒。會風霧競野，吳率一軍潛出賊後，腹背夾攻，賊殊不經意，比霧解，望見白帽，大叫曰『東師至矣』，棄甲奔竄。大將軍

○癸未崇禎十六年

本朝崇德八年二十四歲

是歲館於甌寧張先生常鎮道署中○還居章氏西園○宗宗師戴試一等一名

六月十九日京口浙閩兵爭縱火延燒彼此殺傷甚衆當事皆野服潛出城更漏下乃定予隨先生歸省過楊墅湖風雨覆舟幾至不救

十二月伯父洪宇公以除夕亥時長逝年六十有四

伯父無子與伯母袁孺人視大申如已出自襁抱以迄成立鞠育備至是夕呼大申至榻前曰我福薄不及見爾成名汝努力向上我含笑入地矣言訖嗚咽涕泗引面內向坐俟屬纊已回故矣痛哉

○甲申崇禎十七年

本朝順治元年二十五歲

三月十九日闖賊李自成自居庸昌平入犯京師崇禎帝死社稷賊拷掠京朝官楚毒倍至其迎降者反頒受偽官四月報至吳中人情皇皇疑信相半

傳闖賊渠某者有所要索於大將軍吳三桂之父不應書寸紙遣飛騎繼出曰賊逼我甚將不免汝亟求援為先帝復仇也可為活而父也可大將軍得書亟求援於東朝諸王公以下疑未決 今上叔九王者折箭誓吳率五萬人同行師抵一片石賊已燔宮闕鼓行而前步騎號四十萬拒十五里壁焉大將軍假東師白帽萬具頒所部銜鋒會風霧竟野吳率一軍潛出賊後腹背夾攻賊殊不經意比霧解望見白帽大叫曰東師至矣棄甲奔竄大將軍

遣一軍追之。大兵入京師，招撫殘黎，葬崇禎帝，成禮。乃定鼎改元，國號大清。

五月，福藩監國南畿，旋正大位，改元弘光。時江淮無主，督臣馬士英迎福王而南，黄門李沾輩仗劍擁立，福王不敢當，行監國禮。後以群臣勸進，遂即真帝位，頒哀詔。

六月，大中丞祁公彪佳安撫蘇松，我郡接大行皇帝哀詔，哭臨者萬人，哭聲如雷。古今以憂勤亡國未有如崇禎帝之慘烈者，故薄海震痛，天地改容。然擁立之後，水火紛紜，外禍勿恤，國事遂不復問矣。

馬士英當國，引進魏黨阮大鋮，而逆璫餘孽，連類進用，日以報復爲事。先殺周鍾等以示威，旋進蠱媚之毒，攀結主知，而宫嬪閹寺，玩好雜投，四鎮擁兵，茫無調度。麒麟横至者，遍滿長安。而納賄行私，毋須暮夜矣。至如東宫、皇妃二事，讞鞫非倫，竟成疑案，有識者早已卜江左之不守也。

夏秋之間，北都失守情形，傳聞已確。我郡庶吉士朱積、給事中楊枝起、翁元益皆從賊授偽政府者也。一時攻討之檄，不啻數十道。夏長樂允彝内遷家居，亦有討檄，醜詆失倫，云是單猾庵恂所作，同人復有攻單之檄。是亦清議之失當者已。

十一月，文宗朱國昌以登極詔款，考選拔貢生，不録。

遣一軍追之，大兵入京師，始檢殘黎，葬崇禎帝成禮，乃定鼎改元，國號
大清。
五月，福藩監國南畿，旋正大位，改元弘光。時江淮無主，督臣馬士英迎福王
而南，黄門李沾草仗劍擁立，福王不形當行監國禮後，以勸進遂即真
帝位，頒詔。
六月，大中丞祁公安撫蘇松，我郡接大行皇帝哀詔，哭臨者萬人，哭聲如
雷。古今以優勤亡國，未有如崇禎帝之慘烈者，繼藩福震痛，天地改容。
然擁立之後，閣戶紛紜，外禍易恤，國事遂不復問矣。
馬士英當國，引進魏黨阮大鋮，而逆璫餘孽連類進用，日以報復
為事，先殺周鍾、蒋以示威，旋進蠱媚之毒，攀結主知，而宮嬪閹寺
玩好雜投，四鎮擁兵，從無調度，獻鞾槽玉者遍滿長安，而納賄行
私，毋須暮夜矣。至如東宮、皇妃二事，讞鞫非倫，竟牟疑案，已識者
早已卜江東之不守也。
夏秋之間，北都失守情形傳聞已確，我郡庶吉士朱積、給事中楊
枝起、翁元益皆從賊授偽改府者也，一時攻討之檄不啻數十道。
夏去樂允葵內還家居，亦有討檄，醜詆失倫，云是渾稍菴恂所
作，同人復有攻單之檄，是亦清議之失當者已。
十一月，文宗朱國昌以登極詔款考選拔貢生，不錄。

乙酉，順治二年，二十六歲。

二月，朱宗師録科，一等十二名。

三月，本朝大兵南下，河淮失守。草野杞憂，尚慮全身無策，而廟堂穴鼠之鬪［門］，如火益烈。予操舟走四郊，始卜居於秀州塘西之張莊，同陸宜人往棲焉。設有不虞，可以一葉載兩大人而行也。

五月，大兵渡江。弘光走太平，馬、阮輩或竄或降。乃自江寧遣官，分道招撫。遣郡人王世卓撫松。郡守姚公序之棄官去。華令張大年獻冊印，偕世卓往，侍郎李延齡、巡撫土國寶使復其官，兵不入境。○張莊爲許黄門譽卿別業，一時謀舉事者紛集。且地近泖口，陳黄門子龍糾衆爲振武營，興師振旅，水國騷然。復遷於佘山南之高良橋。

六月，總兵黄蜚兵敗於錫山，乃下太湖，來我郡，屯兵横潦涇口，帆檣蔽天日。郡人吴志葵，曾爲吴淞副總兵官，率所部兵與蜚合，因推大中丞沈公猶龍爲盟主，列營泖澱，誅南中所授守令各官，我郡遂成負固之勢矣。

七月，吴門遣都察院經歷董庭來招撫。庭，故董宗伯其昌任子也，與沈中丞爲姻婭，竟手刃之。○佘山亦烏合自守，遂遷於浦南之張家廊，地爲江浙之界。主人張袞脩慷慨好結客，因與馮天垂鐩依焉，決計不復遷矣。○諸生黄千里，擁遂平王於西倉城，亦將起事。指揮常某據府治，與王犄角，擒千里誅之，率衆夜攻倉城，王乃宵遁。○月初已哭邀

乙酉順治二年二十六歲

二月朱宗師録科一等十二名

三月 本朝大兵南下河淮失守草野杞憂尚慮全身無策而廟堂穴鼻之鬬如火益烈予操舟走四郊始卜居於秀州塘西之張莊因陸宜人往棲焉設有不虞可以一葉載兩大人而行也

五月大兵渡江弘光走太平馬阮革職竄或降乃自江寧遣官分道招撫遣郡人王世卓撫松郡守姚公序之棄官去華令張大年獻册印偕世卓往侍郎李延燦炟撫出國寶使復其官兵不入境○張莊為許黃門孝卿別業一時謀革事者紛集且地近泖口陳黃門子龍糾衆為振武營興師振旅水國騷然復還於佘山南之高良橋

六月總兵黃蜚兵敗於錫山乃下太湖來我郡（屯兵橫潦涇口）帆檣蔽天日郡人吳志葵曾為吳淞副總兵官率所部兵與蜚合因推大中丞沈公猶龍為盟主列營泖澱誅南中所授守令各官我郡遂成負固之勢矣

七月吳門遣都察院經歷董庭來招撫庭故董宗伯其昌任子也與沈中丞為姻婭竟手刃之○佘山亦烏合自守遂遷于浦南之（馬）張家廟地為江浙之界主人張宸脩慷慨好結客因與馮天垂鐩依次計不復遷矣○諸生黃千里擁[illegible]（遂平）王於西倉城亦將起事指揮常某授府治與王犄角擒千里誅之率衆攻倉城王乃宵遁○月初已哭迎

先宜人避兵浦南，復以目疾入城就醫，又留於城。予以大難將及，徒步往來，苦口跪諫，兩大人堅執不從。〇鹽漕都御史黃家瑞者，同予避地浦南，陳黃門以書招之共事。是月二十四日，家瑞至，僞爲詔使，賫詔至郡，諸公朝服郊迎。開讀之後，郡人以爲真，始招攜而歸矣。

八月朔三日，陳黃門將禮聘先大夫監餉事，因入城謀之伯父振宇公。比至，城門已半閉，途中喧傳兵將壓境矣。及歸至長橋，大兵水陸並進。踉蹌入室，同先宜人駕小艇出浦，一時僦居婦孺爭擁附舟，舟覆，衆始散。拽船出水，天向暝矣。途遭敗兵，幾罹不測，夜半，始渡浦。予在浦南，望見城中火光際天，知城已陷。未悉兩大人動靜，偕陸宜人竟夜繞屋行，黎明出偵。

朔四日，酉刻，兩大人舟至，闔室團聚，始慶更生。

朔五日，城中火未滅，俘戮如故。

朔六日，始收兵。知府張銚、同知楊之易、推官方重朗、知縣陳鑑招民入城，薙髮者免死。焚斂遺屍，得四萬人，沈猶龍、黃家瑞、黃棐、吳志葵皆陷沒。

朔九日，知城中安堵如故，先大夫始挈舟入城。

十六日，文宗山右陳先生昌言行府録科，先大夫遺舟督促入城，二弟鑑侍先宜人往。大申徘徊未決也。

先宜人避兵浦南後以目疾入城就醫又留于城予以大雞將及徒步往
来苦口號哭兩大人堅執不從○時漕部御史黃家瑞者同予避地浦
南陈黃門以書招之共事是月二十四日家瑞至偽為詔使賫詔至郡諸
公朝服郊迎開讀之後郡人以為真始招携而歸矣
六月朔三日陈黃門將裨聘先大夫監餉事因入城謀之伯父振宇公比至城
門已半閉途中喧傳出兵壓境矣及歸至步橋大兵水陸並進踉蹌入室
同先宜人駕小艇出浦一時僦居婦孺爭擁附舟：覆衆始散拽船
出水天向暝矣途遭敗兵幾罹不測夜半始渡浦予在浦南望見城
中火光際天知城已陷未悉兩大人動靜同陸宜人竟夜繞屋行黎明出
偵
朔四日酉刻兩大人舟至闔室團聚始慶更生
朔五日城中火未滅俘戮如故
朔六日始收兵知府張鈋同知楊之易推官方重朗知縣陳鍔招民入
城薙髮者免死其欽遺屍浮四萬人沈猶龍黃家瑞黃蜚吳志葵皆
陷沒
朔九日知城中安堵如故先大夫始挈舟入城
十六日文宗山右陈先生昌言行府録科先大夫遣舟督促入城二弟鍔
侍先宜人往大中徘徊未決也

二十八日，二次録科。
九月朔八日，三次録科。
前此，赴試者寥寥，郡伯以不與考者爲逆命，籍其家。至是以十八日四次録科，先大夫再四督促。誓以身命相殉，所不輕往者，以往必薙髮，尚欲赴山蹈海以全匹夫之節也；今勢不可回，恐貽兩大人憂，遂強起入城。當薙［剃］發時，陸宜人執剪嗚咽，幾不欲生。
十七日，入城，宿二伯父祖居。見遺骼堆聚，無地無之，慘淡荒涼，難以名狀。〇哭業師姚公於死所。師以節義自矢，至是闔門被難。
十八日，片晌成二義，即出，不知所作何語。
二十八日，府録一出，促諸生試毗陵者，日再至矣。因移家入城。
十月，毗陵應試。當事始易本朝章服。案發，名在一等八名。
十一月，同唐亮生正應省試，烽火驚心，不終場竟歸。
〇上元術士陶斗暘者，工揣骨術，言出如對影響。予以出處卜之，陶曰：『惜來歲無開科理，倘再舉行，君欲避可得耶？』談亮生往事如見。且曰：『不出七日，君有水災。』唐至錫山，果墮水中，第六日也。

丙戌，順治三年，二十七歲。

三月，調提督李成棟征廣。李不欲往，將有叛形。邦人震恐，紛紛出城。予家亦遷東土之磚橋。

二十八日二次録科

九月朔八日三次録科

前此赴試者寥寥郡伯以不與考者為逆命籍其家至是以十八日四次録科先大夫再四督促誓以身命相殉既不輕往者以徃必薙髮尚欲赴山蹈海以全匹夫之節也今勢不可回且貽而大人憂遂強赴入城当薙髮時陸宜人執剪嗚咽幾不欲生

十七日入城宿二伯父祖居見遺骸堆聚無地無之慘淡荒涼難以名状○哭業師姚公於死所師以節義自矢至是闔門被難

十八日片帆放二峯即出不知所作何語

二十八日府録一出從諸生試毘陵者日再至矣因移家入城

十月毘陵應試當事始易 本朝章服案發名在一等八名

十一月同唐亮生巨應省試烽火驚心不終場竟歸○上元術士陶斗暘者工揣骨術言出談乙酉如對影響予以出處卜之陶曰惜來歲無開科理倘再舉行君欲逭可得耶談亮生徃事如見且曰不出七日君有水災唐至錫山果墮水中第六日也

丙戌順治三年二十七歲

三月調提督李成棟徵廣李不欲往將有叛形邦人震恐紛紛出城予家亦遷東方之橋

四月，陳宗師歲考一等五名。
五月，再舉鄉試，以歲作科。
七月，同姚集之騰芳赴省試。〇復叩陶斗暘。陶曰：『君非雲間顧先生耶？雖售一人，必君也。』集之復問。驚曰：『君亦當入彀，但名稍後耳。』
九月，改期入闈。主考山左張先生端，山右呂先生崇烈，皆癸未進士，官檢討。〇前場題：『禮以行之』三句，『知天地之化育』，『其自任以天下之重如此』。〇榜發，取中范龍等一百四十五人。大申爲《詩》三房，蒙城令蔣先生録楚所薦，列五十名。同郡姚騰芳八十四名、何鏗九十二名。蔣師，湖廣永州東安人，辛酉舉人。〇寒門九葉爲儒，蹉跎縫掖，先王父一生積學，垂老無成，爲同郡所腕（惋）惜。大申上藉祖蔭，得厕賢書，咸謂王父食報於孫，冥漠不爽。
十月，梁谿同年顧熤，字銘柏，爲邑侯潘先生必鏡所得士，因謁潘公，遂聯宗譜。同時聯宗者，石湖塘君御公、嘉善朝樞公與先大夫輩等，南匯公綸兄、鳳凰山觀生兄，皆雁行也。〇同門陳嘉會，揚州人；林文學，儀真人；姚椽，建德人；楊兆魯，常州人；卜永昇，安東人；阮鞠廷，南陵人；王言，當塗人；王世噩，鹽城人。同門九人，而予與楊泗生爲最少，予時尚名鏞也。
是年錢餘伯集慶執柯，與次兒勉之聯姻於周宿來茂源。

四月陳宗师歲考一等五名
五月再舉御試以歲作科
七月同姚鼐之騰赴省試○復叩陶斗暘陶曰君非雲間顧先生耶雖售
一人必君也相鼐之復鶩曰君亦當入彀但名稍後耳
九月改期入闈主考山左張先生端山右呂先生崇烈皆癸未進士首檢
討○前場題　禮以行之三句　知天地之化育　其自任以天下之重如
此○榜發加中范龍等一百四十五人大申為詩三房蒙城令蔣先生錄
楚所薦列五十名同郡姚騰芳八十四名何鏗九十二名蔣师湖廣永州
東安人年甫冠人○寒门九葉為儒蹉跎繼採○先王父一生積学○垂
老名第○為同郡所惋惜○大申上籍祖廕得厠賢書○始付王父食報
于孫○冥漠不爽○
十月梁谿同年顧煜字銘柏為邑侯潘先生以鏡所得士因謁潘公遂
聯宗譜同時聯宗者石湖塘君御公嘉善朝樞公與先大夫華等
南滙公綸先鳳凰山觀生兄皆雁行也○同門陳嘉會揚州人林文学
保真人姚揆建德人楊兆魯常州人卜永昇安東人阮翰廷南陵人王
言書塗人王世垂蕪城人同門九人而予與楊泗生為最少耳時尚名鏞
也
是年錢餘伯執柯與次兒魁之聯姻於周宿來茂原

丁亥，順治四年，二十八歲。

正月，朔三日。同銘伯兄聯舟上公車，過錫山，復與勉齋鏞、脩遠宸合宗譜之好。

朔八日，維揚登陸，以山左土寇梗道，至蒙陰而還。

四月，提督吳聖兆叛。不成。聖兆本粗鹵［魯］武夫，爲標下好事者所簸弄。海上密劄僞書無虛日，餌以通侯之賞，不無心動。時郡守傅公維烈臥病，同知楊之易、推官方重朗，與中軍詹世勳日窺伺陰私，飛章請兵，爲聖兆邏者所得。諸將告聖兆曰：『事洩［泄］，將赤族，不若先發制人。』十五日，召二府佐飲，伏甲士密室，酒半闌席而出，刺殺二府佐，將以舉事。世勳統所部卒圍帥府，遇諸謀逆者，輒磔殺之。外宅兒李魁，抱聖兆受縛焉。先是，一月前，傳聖兆反狀甚悉，城民復鳥獸散。予不爲動，告先大夫曰：『兒與聖兆交，知其無能爲。且諸將亦非能反者。』比明，城門不開，人情震恐。或謂傳檄已四出，海上師立至，郡且爲戰場矣。日未午，城開，飛舸突西水關，蜂擁出沈涇橋，云：『聖兆已成禽也。』武夫不省事，投死如鶩，哀哉！予入城，見諸叛將積屍轅門，無一免者。聖兆授首，而巴、陳搜捕之殺焰張矣。

五月，滿提督巴山、操江陳錦、巡撫土國寶，率滿兵先從太湖搜剿，吳易、楊廷樞等死之，所俘戮無算。海上應兵果至。颶風大作，舟盡覆，飄至福山

丁亥順治四年二十八歲

正月朔三日同銘伯兄聯舟上公車過錫山復與勉齋鏞修遠宸合宗譜之好

朔八日維揚登陸以山左土冦梗道至蒙陰而還

四月提督吳聖兆叛不成聖兆本粗鹵武夫為標下好事者所歎羨海上密劄偽書無虛日餌以通侯之賞不無心動時郡守傅公維烈卧病同知楊之易推官方重朗與中軍詹世勳日窺伺陰私飛章請兵為聖兆邏者所得諸將告聖兆曰事洩將赤族不若先發制人十五日召二府佐飲伏甲士密室酒半闌席而出刺殺二府佐將以舉事世勳統所部卒圍卹府遇諸謀逆者輒磔殺之外宦曳李魁抱聖兆受縛焉先是一月前傳聖兆（反決甚速）城民復鳥散徵予不為動賫告先大夫曰兒與聖兆交知其無能為且諸將亦非能反者比明城門不開人情震恐或謂傳檄已四出海上師立至郡且為戰場矣日未午城開飛艇突出水關蜂擁出沈涇橋云聖兆已就擒也武夫不省事投死如鶩哀哉予入城見諸叛將積屍轅門無一免者聖兆授首而已陳搜捕之殺焰張矣

五月滿提督巴山操江陳錦以拯太國寇平滿兵先從太湖搜剿吳易楊廷樞等死之所俘戮無算海上應兵果至颶風大作舟盡覆飄至福山

者六百餘人，俱殲之。始至我郡，屯兵西郊跨塘橋外花家淩上，搜捕四出，能自首者免死，日誅百人，收其孥。陳黄門子龍，亡命奔走，卒被擒，投水死，戮屍傳示。諸世家子弟，及草野之自負忠憤者，一被發覺，遂成覆巢，身攖白刃，妻子爲俘，不知有天日者二十餘日。巴、陳去，而楊帥之網羅又出矣。

六月，委總兵楊承祖攝提督事。承祖至，吳門諸虎冠與俱。郡紳姜某、封君徐某者，與諸虎寇爲夙好，謀所以壟斷者，列富室七十餘家，以吳帥空劄，入其姓名，咸以通南目之。每至家，先抄沒其重資，縛其所愛子弟一人爲質，人輸數千金乃得脫。承祖在郡四十五日，所得四十萬金。我族六保孟逵亦在此列。予親見授承祖七千金，故得悉之也。〇是年，夏考功允彝自沉死。海上遣人致祭，授其子完淳爲中書舍人。守口兵邏得之，收完淳，與別案張密等戮於市，而考功爲若敖氏矣。

是年，胡伯翔鳳儀執柯，與長兒輔之聯姻於徐雲芝濬。

者六百餘人俱殲之始至我郡屯兵西郭跨塘橋外花家浜上搜捕四出能自首者免死日誅百人收其孥陈黄門子龍亦命奔走卒被擒投水死戮屍傳示諸世家子弟及草野之自負忠憤者一被發覺遂成霞巢身攖白刃妻子為俘不知有天日者二十餘日也陈去而楊帥之網羅又出矣

六月委撫兵楊承祖拐提督事承祖且與吳門諸序兇与俱郡紳姜其封君徐某者與諸序兇為奸好謀所以塹浙者列写至七十餘家以吳帥空劄入其姓名咸以通南目之每至一家先抄没其資貨續其所愛子弟一人為質人貽數千金乃得脱承祖在郡四十五日所得四十萬金我族六保孟達亦在此列予親授承祖七千金叔得生之也〇是年夏考功允彝自沉死海上遣人致祭授其子完淳為中書舍人守口兵邏得之收完淳与别案张家等戮于市而考功為若敖氏矣

是年胡伯翔鳳儀執柯與長兒犕之聘姻於徐雪芝濬

戊子，順治五年，二十九歲。

四月，謁房師蔣圖南先生於蒙城。師一見，不許執弟子禮，語大申曰：『初得君卷，亟薦之安邑呂先生，以爲必名下士，先生勿許也。後薦之掖縣張先生，大加歎賞，惜以薦稍後，不得掄魁。比揭曉，四座共賀得人。呂先生出位揖師曰：「獲藉法眼，爲一榜生色。」以是誓不與君執師弟子禮。』留四十日，款洽盡致。○師鄉薦時，大申僅周歲耳。遲二十七年，而猶屈一令，俾得以濫廁門牆，何其幸也。師曰：『往在滁陽録遺，恐一旦被徵分校，慮失名卷，盡收近科行房新義歸，晝夜披誦，故入闈時，幸免按劍之羞。』此等苦心，近世士大夫所僅見。

十一月復赴公車，取道中州。

己丑，順治六年，三十歲。

正月朔三日，過延津。偶爾冒風，忽染沉疴，以表汗過多，遂極困頓。比入都，勺水不入口者旬日矣。誤臥火炕，昏眩累日。

二月朔二日，與王伊人廣心同寓天慶寺。王日課一義，予抱恙杜門，高臥而已。入闈，強畢場事，興會索然，果落第。卷在金先生拱敬房。文寔荒落，非主司之過也。

三月，同唐尹季允諧、李素心愫、陸孟聞慶紹、王印周濂同舟還南。時山

戊子順治五年二十九歲

四月謁房師蔣先生圖南於蒙城師一見不許執弟子禮語大中曰初得君卷亟薦之安邑呂先生以為必名下士先生勿許也後薦之掖縣張先生大加欽賞惜以薦稍後不得掄魁比揭曉四座共賀得人呂先生出位揖師曰獲藉法眼為一榜生色以是棄不與君執師弟子禮留四十日款洽盡致　師鄉薦時大中僅週歲耳遲二十七年而稍屈一令俾得以濫廁門墻何其幸也師曰往在滁陽録遺吾一旦被檄分校慮失名卷盡收近科行房新墨歸晝夜披誦故入闈時幸免按劍之羞此等苦心近世士大夫所僅見

十一月復赴公車取道中州

己丑順治六年三十歲

正月朔三日過延津偶爾冒風忽染沉痾以表汗過多遂極困頓比入都勺水不入口者旬日矣悞外火炕昏眩累日

二月朔二日與王伊人廣心同寓天慶寺王日課一藝予抱恙杜門高臥而已入闈強畢場事與會索稿果落第卷在金先生拱薇房文定若落非主司之過也

三月同唐尹季允諧李素心愫陸孟聞慶紹王漁邸周同舟還南時山

左寇盜未靖，由水程者少，朝暮戒心，至清江復遇江右頒師船，淹滯津梁八十日，乃抵舍。

舟至天津衛，予與唐尹季允諾同榻，夜半，夢至大海北岸，見一蘭若，金書『化城寺』，寺僧揖予入，曰：『居士猶憶此間香火與？』予無以應。登歷殿堂，延造邃室，一燈木龕，帷幕肆設，僧啓帷示予，曰：『此非三十年前面目耶？』予審視良久，慟哭失聲。唐驚起曰：『豈有所見與？何傷之甚也！』因告之故。唐曰：『昔王文成曾見前身，故有「五十年前王守仁，開關原是閉關身」之句，君二十年後，功名安知不與文成埒？』抵舍後，唐令作見前身傳奇，已成，以詞拙不問世。

庚寅，順治七年，三十一歲。

三月十九日，我母許宜人五十初度，七郡知名之士，以詩歌觴祝者四百餘人。〇前代之季，我郡主盟壇坫，海內宗之。余倡贈言社，才華彪炳，尤爲先達所推重。改革以來，斯事久廢，茲吳郡宋既庭實穎、宋右之德宜舉慎交社，章素文在茲、錢宮聲鏞舉同聲社，諸君子紵縞素投，止以一二附會匪人，分門標榜，日尋盟於七郡之間，各以意氣所近，互相排謗。予惟中立守正而已。故諸君子敦登堂拜母之雅，投贈之章，不介而至。馮天垂鎹録成，施之屏幛，今裝成集。

是年秋，遨遊浙西，東至會稽，與同年顧予咸小阮通宗譜。歲暮言旋。

左冦盗未請由小程者少朝暮載必至清江復遇江右須師船渰滞津梁八十日乃抵舍

舟至天津衛予與唐尹季允偕同榻夜半夢至大海北岸見一葉若金書化城寺寺僧揖予入曰居士能憶此間香火與予無以應登歷殿堂延造邃室一燈木龕帷幕肆設僧啓帷示予曰此汝三十年前面目耶予審視良久慟哭失聲唐驚起曰汝至所見與何傷之甚也因告之故唐曰昔王文成曾見前身於五十年前王守仁開關原是閉關身之句君二十年後功名安知不與文成埒抵舍後夜合作見前身傳奇己巳年以詞樵不問世

庚寅順治七年三十一歲

三月十九日我母許宜人五十初度七郡知名之士以詩歌觴祝者四百餘人前代之季我郡主盟壇坫海內宗之余倡贈言社十華處炳右為先達所推重改革以來斯事久廢吾吳郡宋既庭實穎宗右之德宜举慎交社章素文在吾錢宮聲鏞举同聲社諸君子紆縞承投止以一二附會匪人分門標榜日尋吳於七郡之間名以意氣所近互相排詆予惟中立守正而已故諸君子斅登堂拜母之雅投贈之章不介而至馮天垂鎩施之屏幛錄成今裝成集

是年秋遨遊浙西東至會稽與同年顧予咸小阮通宗譜歲暮言旋

辛卯，順治八年，三十二歲。

春夏無事。

八月，同王印周濂附貢舫入都會試。○予與印周意氣迅鋭，己丑失利，若老公車然。是年春，即訂早促裝，至是同舟而行，十一月上旬始抵都門。途中所課義，已寸許矣。

除夕，予與印周共祈夢兆。歲朝，印周語予曰：『夢有投刺者，上書友生胡，而無名。』時擬溧陽陳先生名夏主考，武林胡保林應以《春秋》分考。予曰：『殆應是也。』予夢皎月起自東方，照見城中樹二幟，竟不可解。

按：明春溧陽被嚴譴，入旗安置，正主考乃我常德胡此菴先生也，於夢合矣。乃予倖獲，而印周不第，至乙未，山陰胡禹袞先生主試，始掄麟魁，豈非造化故示詭幻與？廷對後，漳浦洪先生讀卷，録予爲第一人。已三日矣，竟以賄奪。及臚傳，沈貞蕤荃名在第三。沈時居城，雙幟之兆，不更驗耶！

壬辰，順治九年，三十三歲。

正月，予以同勉齋名，且己丑失利，因謀之大宗伯海寧陳公之遴。公曰：『小屈者必大申，盍名大申可乎？』遂注部冊。

二月，點定主考，學士胡統虞，常德人，學士成克鞏，大名人，房考呂宮等十八人入闈。○前場題：『君子有大道』一句，『參乎吾道』全章，『經正則

辛卯順治八年三十二歲

春夏無事

八月同王邵周瀛附貢船入　都會試○予與邵周意氣迅銳已丑失利若老公車然是年春即訂早促車裝至是同舟而行十一月上旬始抵都門邸中所課業已寸許矣

除夕予與邵周共祈夢兆歲朝邵周語予曰夢有投刺者上書友生胡而無名時撤溧陽陳先生名夏主考武林胡保林　座師春秋分考予曰殆應是也予夢皎月起自東方照見堞中樹二幟竟不可解

按明春溧陽被彈遣入旗安置正主考乃我常德胡此菴先生也於夢合矣乃予倖獲而邵周不第至乙未山陰胡禹裒先生主試始掄解魁豈非造化故示詭幻與　廷對後澤涌洪先生讀卷錄予為第一人已三日矣竟以賄奪及臚傳沈貞蕤荃名在第三沈時居城雙幟之兆不更驗耶

壬辰順治九年三十三歲

正月予以同勉齋名且已丑失利因謀之大宗伯海寧陳公之遴公曰小座者必大中盍名大中可乎遂註部冊

二月欽定主考學士胡統虞常德人學士成克鞏大名人房考呂宮等十八人入闈○前場題　君子有大道二句　參乎吾道全章　經正則

庶民興』。○榜發，取程可則等四百人。大申爲《詩》二房，鄉同年程先生芳朝所薦，中式一百九十一名。同鄉李素心懐六十一名，施及甫維翰一百三十四名，李方思廷棨一百十一名，許方來啓源一百三十五名，徐謙六士吉二百五十七名，沈貞蕤荃一百三十六名。○故事，房師必三謁乃見。予以鄉同年故，初謁即延見成禮。大申再拜，師亦再拜，答年弟帖。謁者曰：『今日行同年禮也，三日見，則行師生禮矣。』師曰：『年兄有何隱行，致已失復售？』大申謝不敢當。師曰：『君卷至，本房中卷已及額矣。平生領落卷，見房考不置筆，心竊憾之。故復加批閲，不忍釋手。《書》二房馮易齋溥見之曰：「此爲顧兄山筆無疑。兩人擊節歎賞。例不得復薦。適本房有二場不至者，因白主司補之，故名次稍後。及榜定，向所失二場卷故在案頭，豈非造物者之故迷人目耶！」愧謝而出。○同門二十五人，漳州張居昌、安陸陳其美、泰州俞鐸、同郡李愫、無爲州沈志彬、江陰陸璿、濮州張藎、瀋陽范承謨、江寧張芳、臨潼張志尹、任丘張厥脩、惠安黃雲蒸、登豐耿介、進賢饒宇栻、海寧查培繼、豐城熊儕鶴、永嘉王錫琯、東平廖元發、仁和金漸皐、安陽許纉、真寧彭翮、掖縣張含輝、渭南劉必暢、遼陽夏世安。○時大宗伯知貢舉，子弟姻婭俱不售。因摘首題主用人者爲背注。特遣大學士烏黑范文程、洪承疇、甯完我，學士劉清泰、張端，同禮部堂上官磨勘，停革程可則等四十五人。同門三人，庶民興○撝蔆於程可則等四百人大中為詩二房同年程先生芳朝所薦中式一百九十一名同鄉李素心懐六十一名施及甫維翰一百三十四名李方思廷棨一百十一名許方來啓源一百三十五名徐謹六士吉二百五十七名沈貞蕤荃一百三十六名○故事房師必三謁乃見予以鄉同年故初謁即延見成礼大中再拜師亦再拜答年弟帖謁者曰今日行同年礼也三日見則行師生礼矣師曰年兄有何隱行致已失復售大中謝不敢當師曰君卷至本房中卷已及額矣平生領落卷見房考不置筆心竊憾之故復加批閱不忍釋手書二房馮易齋濟見之曰此為領見山筆無疑兩人擊節歎賞例不得復薦適本房有二場不至者因白主司補之故名次稍後及榜定向所失二場卷故在案頭豈非造物者之故瞇人目耶娓謝而出○同門二十五人漳州張居昌安陸陳其美泰州俞鐸同郡李懐無為沈志彬江陰陸璿濮州張蓋濬陽范承謨江寧張芳臨潼張志尹任丘張厥脩惠安黄乘蒸登封耿介進賢饒宇栻海寧查培繼豐城熊僎霍永嘉王錫琯東平廖元發仁和金漸皐安陽許纘真寧彭翮掖縣張含輝渭南劉必暢遼陽夏世安○時大宗伯酉知貢舉子弟姻婭俱不售因摘首題主用人者為背註 特遣大学士烏黑范文程洪承疇寗完我學士劉清泰張端同禮部堂上官磨勘停革程可則等四十五人同門三人

陸瑢、金漸皋、夏世安也。兩主考鐫級有差。

三月十五日，殿試，大申制策二千言，條對盡意，書亦周楷，薄暮而出。

二十六日，讀卷官出朝，掖縣張師亟報大申曰：『君卷爲孟大司寇明輔所薦，洪漳浦已置第一矣。』

二十八日，將啓奏，大學士甯完我以避瘟不與讀卷，忽至天安門，索進呈卷。閱畢，欲盡易前三卷。漳浦不從，甯曰：『公等所取，皆不能無議。我欲用不合格者。』因以錫山鄒忠倚等易之。鄒乃己丑補殿試者，例不列鼎甲，故有『壬辰無會狀』之謠。久而知乃以賄得之，敢於去取任意乃爾。臚唱時，大申名在二甲六名，以讀卷官爵位爲次序也。

四月，酬應紛紜，鬱鬱不快意。病發，幾於不治。

五月，病稍蘇，神尚未旺。不俟館選而南。

六月，抵家。

九月八日，爲先大夫介六十之觴。

十月朔日，郡伯延致先大夫爲鄉飲大賓。

陸𤻪金漸臯夏世安也两主考鐫级有差

三月十五日殿試大中制策二千言條對盡意書亦周楷薄暮而出

二十六日讀卷官出朝掖縣張師亟報大中曰君卷為孟大司寇明輔所薦洪濘浦已置第一矣

二十八日將啟　奏大學士寗完我以遊疸不與讀卷忽至　天安門索進呈卷閲畢於盡易前三卷濘浦不從寗曰公等所取皆不能無議我於用不合格者因以錫山鄒忠倚等易之鄒乃己丑補殿試者例不列鼎甲故有壬辰無會狀之謠久而知乃以賄得之敢于言加任意乃尔臚唱時大中名在二甲六名以讀卷官嘗位為次序也

四月酬應紛紜鬱鬱不快意病發幾於不治

五月病稍蘇神尚未旺不俟館選而南

六月抵家

九月八日為先大夫介六十之觴

十月朔日郡伯延致先大夫為鄉飲大賓

癸巳，順治十年，三十四歲。

三月，挈家由水程赴京謁選。先大夫同先宜人偕至吳門而還。

六月抵都。大雨四十日。除授工部都水清吏司主事。

七月，題管乾清宮大工。時科臣周曾發以久雨，京師以南民生失所，倒壞房屋無算，亟請停罷大工，早施賑濟，上從之。

八月，題管街道兼理司事。

十一月，掣差提督江南等處蘆政。時大司空中州劉昌在部，差以賄成，四司多不平。科臣張王治請照戶部例從公掣簽，始無所用其私焉。恭領勅書一道。

十二月出都，天津守凍，我鄉張森嶽安豫分運津門，李芳洲溥、陳若水襄以糧儲奉使在焉，與總戎甘□□朝夕盤桓，歡飲一月而別。

癸巳順治十年三十四歲

三月挈家由水程赴 京循選先大夫同先宜人偕至吳門而還

六月抵 都大雨四十日除授工部都水清吏司主事

七月題管 乾清宮大工 時科臣周曾發以久雨 京師以南民生失所倒塌房屋無筭亟請停罷大工早施賑濟上從之

八月題管街道兼理司事

十一月劄差提督江南蕪安蘆政 時大司空中州劉昌在部差以賄成四司多不平科臣張王治請照戶部例從公掣籤始無所用其私焉茶領

勅書一道

十二月出。都天津守涷在焉 我鄉張森岳安豫分運津門李芳洲溥陈若水裹以糧儲奉使與提戎甘 朝夕盤桓歡飲一月而別

甲午，順治十一年，三十五歲。

正月，凍解舟行。

三月，舟至丹陽，移駐公館，迎兩大人至，同赴江寧。二十五日，與同年錢介之受祺交代。錢在丁水部彥被劾之後，加意整頓，而各屬玩泄，法無可施，至於缺額。〇時蘆政蠹壞已極，少司農王公永吉條上十餘疏，直指秦公世禎，亦糾丁水部不法狀，屢得嚴旨勘問。將出都，王公爲冢憲，每退食，輒單騎過從，痛陳夙弊，予故得周知之。至是，受代以後，先創書史之久蠹於蘆者一二人，小大戰竦。他若祛坐差，汰加耗，裁課皂，禁包攬，不三月而夙弊一清。總督馬公國柱見僚屬輒稱道之。

六月，闢高會堂，蒔竹蓺蘭，與賓僚燕賞其中。自夙弊清而使署無養奸之地，舊京詩酒故人，日優遊風雅而已。

七月，省試。桑梓流連，無虛日夕。

冬月，總督馬公詢及課額，尚未足十萬。公曰：『部例三月前掣差，代者一有人，君事去矣。慎毋詩酒是耽，而身往督催，庶有濟乎！。』予曰：『巡行近有禁例。』公曰：『我任君往，誰復禁之？』擬於春月巡行。

洲場半多前代賞賚，故宗勳所擅居多。今利歸他人，而逋賦則責之主者。予貸齊庶人後千金，斷歸常開平後六百餘金。兩家得

甲午順治十一年三十五歲

正月凍解舟行

三月舟至丹陽移駐公館迎兩大人至同　赴江寧上任二十五日與同年錢介之受祺交代錢在丁彦水部被劾之後加意整頓而各屬玩泄法無可施至于缺額○時蘆政盡壞已極少司農王公鐵山永吉條上十餘疏直指秦公世禎亦糾丁水部不法狀屢得嚴旨勘問將出部主公爲家憲每退食輒單騎過從痛陳夙弊予故得周知之至是受代以後先創書吏之久蠹於蘆者一二人小大戰誅他若祛坐差汰加耗裁課皂禁包攬不三月而夙弊一清總督馬公國柱見僚屬輒稱道之

六月闢高會堂蒔竹藝蘭與賓僚吟賞其中○自夙契清而使署爲豪奸之地○舊京詩酒故人○日優游風雅而已○

七月省試桑梓流連無虛日夕

冬月總督馬公詢及課額尚未足十萬公曰部例三月前掣差代者一有人君事去矣慎毋詩酒是耽而自往督催庶有濟乎予曰此行近有禁例公曰我任君往誰復禁之擬於春月此行

洲場半多前代貴眷○故宗勢所擅居多○今利歸他人○而通賦則責之主者○予貧齋庶人後千金○所歸常開平後六百餘金○而家得

以存立。

乙未，順治十二年，三十六歲。

正月十三日，渡江。自江浦、六合、儀真至江都。○揚屬蘆課之弊，皆在於課皂、洲頭朋比爲奸。蘆洲坍漲不常，有洲田一頃，積之數年，漲至幾十頃者。業戶不知，而洲頭、課皂知之。故每畝正課上則七分，中則四分，下則二分五厘，而雜項有至一二兩不等者。業戶被其害，二蠹享其利。予在江都，止比課皂，不擾業戶，蓋有見於此也。

二月朔日，自江都至如皋、泰州、泰興、靖江，所至皆清積逋。○還自江都，渡江至京口，由丹徒、丹陽、句容至省會，四十餘日，徵逋課四萬餘金，課得及額。

三月，掣得本部屯田司員外郎劉澍，及期交代，紳士、洲民相率而送，繹絡至龍江。

五月復命北行。同兒子輔之、陸稔庾鐘、王公沂偕行。是年亢旱。黃河水流一線，至宿遷陸家墩，率一二千人挽一舟，日挽數舟而已。楊華觀西狩在南河，專司輓運，我舟得上。

七月抵都。衛大司空周祚考覈。不十日疏上，得旨回部管事。

八月，中州學道缺。劉大司空昌、薛少宗伯所蘊、周少司農亮工、許黃門作梅、張黃門文光輩，交推轂，欲予往。大司空即日咨吏部。三日後，

以存立

乙未順治十二年三十六歲

正月十三日渡江自江浦六合儀真至江都○楊屬蘆課之契皆在於課皂洲頭朋比為奸蘆洲坍漲不常有洲田一頃積之數年漲至幾十頃者業戶不知而洲頭課皂知之故每於正課上則七分中則四分下則二分五厘而雜項有至一二兩不等者業戶被其害二蠹享其利矣在江都止比課皂不擾業戶足見於此也

二月朔日自江都至如皋泰州泰興靖江所至皆清積逋○還自江都渡江至京口由丹徒丹陽句容至省會四十餘日徵逋課四萬餘金課滿及額

三月擧滿本部屯田司員外郎劉澍及期交代紳士洲民相率而送繹絡至龍江

五月復 命北行（同兒子楠之陸稔庚鐘王字澍偕行）是年亢旱黃河水流一線至宿遷陸家墩卒一二千人挽一舟日挽數舟而已楊華觀西狩在南河專司輓運我舟得上

七月抵 都衛大司空周祚考覈不十日疏上得 旨回部管事

八月中州學道缺劉大司空昌薛少宗伯所蘊周少司農亮工許黃門作梅張黃門文光羣交推轂欲予繼大司空即日咨吏部——三日後

上諭吏部：科員多缺，着以主事、中行、評博改授。部議各部主事，咨取歷俸二年以上者。合計五部，惟劉民部履旋、蘇民部祖蔭，偕予三人而已。滿漢堂官議曰：學道雖云清華，何如科員之要。亟令筆帖式取回前咨，而更送考選焉。時衛曲沃主部事，清介識大體，故有此曠格之典。

九月，上在南海子，吏部啓奏，考選官十四員：主事劉履旋、蘇祖蔭及大申，中書許熙宇、潘瀛選、韓璵、郭金鉉，行人王廣心、黃象雍、孫允恭、李蔚、王輔運、李縉明，博士王琛。上命學士麻勒吉傳諭曰：『尔等皆登兩榜，文字本所素裕，但有關系國家大利大害，着條奏以聞，朕親覽焉。』大申私揣上旨所重在言路，宜以言官利弊爲主，因陳四條：一曰廣採納，二曰崇大體，三曰慎密封，四曰汰剿襲。甫屬稿，學士麻勒吉復傳諭曰：『皇上意在言官利弊，毋得泛漫指陳。』日已晡時，眾皆愕然，雖小有改易，未能盡意，書亦不復工。得優遊展布者，大申一人而已。翼〔翌〕辰，太宰王公自南苑還，詣大申曰：『昨皇上見君卷書法端楷，讀至「慎密封」一條，中有「不應密而密，則有以言爲市之患」，顧謂永吉曰：「此卷深切言官之弊。」命拆視何人，則君卷也。』〇次日，傳取中許熙宇等八員，大申與王大行廣心皆與焉。吏部傳往海子引見，黎明集南苑門。上忽從數騎，臂海東

上諭吏部科員多缺着以主事中行評博改授部議各部主事咨取
歷俸二年以上者合計五部惟劉氏部履旋蘇氏部祖蔭皆予三人
而已滿漢堂官議曰學道維云清華何如科員之要亟令筆帖式
取回前咨而更送考選焉　時衛曲沃主部事清介識大體故
有此曠絡之典
九月　上在南海子吏部啟奏考選官十四員主事劉履旋蘇祖
蔭及大中中書許與宇潘瀛選韓璵郭金鉉行人王廣心黃象羅
孫允恭李蔚王輔運李緒明博士王琛　上命學士麻勒吉傳諭
曰尔等皆登兩榜文字本所素裕但有關係國家大利大害着
條奏以閱朕親覽焉大中私擬　上旨所重在言路宜以言官利弊
為主因陳四條一曰廣採納二曰崇大體三曰慎密封四曰汰勦襲
甫屬稿學士麻勒吉復傳　諭曰皇上意在言官利弊毋浮泛漫指
陳日已晡時衆皆愕然雖小有改易未能盡意書亦不復工得優
游展布者大中一人而已翼辰太宰王公自　南苑還詣大中曰昨
皇上見君卷書法端楷讀至慎密封一條中有不應密而密則
有以言為市之患顧謂永吉曰此卷深切言官之弊　命拆視何
人則君卷也次日傳取中許與宇等八員大中與王大行廣心皆與
焉吏部傳往海子引見黎明集南苑門　上忽遣數騎催海东

青出，不知所之。比歸，亭午矣，竟不傳引見，惘惘而歸。

十月，輔之南還。○自此兩三月，上駕還宮，吏部不敢題請。久而知以中書郭金鉉故。金鉉向屬檢討郭棻，介上左右弄臣先容。在行幄拆卷時，學士麻勒吉、王熙以滿語定次序，棻在幄後，知金鉉已不録，遂密語上左右，撓其成，曰：『上所選用科員，中外已共曉矣。何用引見爲？』上不懌，傳兩學士，切責移時，故立意不復用云。○又聞劉相國正宗見所用多江浙人，意別有所屬，乘間奏上曰：『言官宜用知推，庶知民間疾苦。若京曹官，坐致華要耳，無能爲也。』上意已不屬，聞此益決也。

丙申，順治十三年，三十七歲。

時流滯京華，進退失據。春月，陸宜人拮據爲輔之完姻。

六月，加上太皇太后徽號，覃恩封先君爲奉政大夫、工部屯田清吏司員外郎，加一級，封先母爲宜人，封元配陸氏爲宜人。

青出不知所之比歸亭午矣竟不傳引見悵悵而歸

十月輔之南還○自此兩三月　上駕還宮吏部不敢　題請久而

知以中書郭金鉉故金鉉向屬檢討郭棻介　上左右具臣先

容在　行幄拚卷時學士麻勒吉王熙以滿語定次序棻在幄

後知金鉉已不錄遂密語　上左右撓其成曰　上所選用科員

中外已共曉矣何用引見為　上不懌傳兩學士切責移時故立

意不復用云○又聞劉相國正宗見所用皆多江浙人意別有所屬乘

間奏　上曰言官宜用知推庶知民間疾苦若京曹官坐致華要非無

能為也　上意已不屬閩此益決也

丙申順治十三年三十七歲

時流滯京華進退失據春　月陸宜人拮据為輔之完姻

六月加上

太皇太后徽號　覃恩封先君為工部屯田清吏司員外郎奉政大夫加一級封先母

為宜人封元配陸氏為宜人

夏秋以來，行取推知咨部者畢集。九月，上親試金漢鼎等十七人，俱授科員。吏部請旨，前考各官俱不堪以科員用。至是而經年之望，付諸東逝矣。

是年，同郡宦於京者七人，宋太僕徵輿、王大行廣心、朱黃門紹鳳、周比部茂源、許中允纘曾、王屯部日藻，暨予與林布衣子襄，朝夕以詩學切磨。太僕期許予尤深。往於詩文咸觸手信心，未窺堂奧，至是乃肆力於風騷典籍，質疑問難。太僕虛中善誘，亹亹無倦容，今所存詩文稿，皆得交太僕後所作也。〇冬夜，夢白鳳扶搖蔽天，過予前，予手拔鳳尾一毛，長丈許，金采陸離。自是胸間腕下，神思奮發，亦一異也。

丁酉，順治十四年，三十八歲。

正月，題差管理夏鎮等處河道。〇癸巳之冬，已注差治河夏鎮矣，後改爲掣簽，故令繕司常錫胤往。至是錫胤差滿，予奉旨回部，復掣是差。雖升沉有數，而向後彌天之網，幾至滅頂，實由是也。

二月朔日，恭領敕書一道。皇帝敕諭：『工部屯田司員外郎顧大申，茲命尔管理夏鎮等閘河道，駐劄［扎］夏鎮地方。首在搒［搜］剔弊端，恪循職業，約束衙門員役，使之一遵法紀，無致作弊生事，擾害地方。所轄舊河道，上自珠梅

夏秋以来行取推知考部者畢集九月 上親試金漢鼎等十七
人俱授科員吏部請 旨前考名官俱不堪以科員用至是而
經年之銓付諸東逝矣
是年同郡宦於 京者七人宋太僕徵輿王大行廣心朱黃門紹鳳許 周北部茂源
中允纘曾王屯部日藻林布衣子襄 宣子与 ◯◯朝夕以詩學切磨太僕期許
尤深往於詩文咸躬手信心未窺堂奧至是乃肆力於風騷典籍質疑
問難太僕處中善誘亹亹無倦容今所存詩文稿皆得之太僕後所
作也 冬夜夢白鳳拔搖霄天過予前予手拔鳳尾一毛長丈許金
彩陸離自是胸間脫下神思奮發亦一異也

丁酉順治十四年三十八歲
正月題差管理夏鎮等處河道 癸巳之冬已註差治河夏鎮矣
後改為掣籤故改令繕司常錫胤往至是錫胤差滿予奉 旨回部
復掣是差雖非況有數而向後彌天之網幾至摧頹寔由是也
二月朔日蒞鎮
敕書一道 皇帝敕諭工部屯田司員外郎顧大申茲命爾管理夏鎮
等閘河道駐劄夏鎮地方首在搜剔弊端恪脩職業約束衙門員
役使之一遵法紀無致作弊生事擾害地方所轄舊河道上自珠梅

閘起，下至鎮口閘止，一百四十里，一應工程物料，會同淮徐道，督率徐屬河務同知，及徐沛印河等官，估辦修築。新開泇河，上自李家港口起，下至黄林莊止，一百六十里，各該閘座堤壩與一應工程物料，會同兗東道，督率馬捕兼管泇河通判，及滕、嶧二縣印河等官，估辦修築。將所屬軍衛有司、印河並閘壩等項官吏兵民，時常往來催督，及時挑濬［浚］。仍嚴禁豪右居民，不許盜決私阻，利己妨公。其夫役工食，分派山東東、兗、單、滕、定五府縣，江南徐、蕭、碭、沛、豐五州縣，皆有額編，務要依期解給；應出辦椿草錢糧，察照數目，依期征收備用，毋容所司那移。一應興利除害、有益河道，開載未盡事宜，聽便區處。應呈報河道總督裁酌者，即報總督裁酌施行。各該管河官員，須精擇才能，常川巡視，不許營求別差。若該地方軍衛有司官員人等，徇私害公，買放侵欺，及官座攙越，簰筏横阻，托名挽溜［留］，需索打搶，詐害白糧等項船隻，及假名上供，所過騷擾，輕則徑自拿究干礙職官，參奏處治。每年終，通將役過人夫、用過錢糧、修理工程，各細數造册奏繳。三年將滿，預先呈部，差官更替。如遇升遷，仍候交代明白方許離任。其府州縣相接禮儀，悉照部司體統。尓受兹委任，須持廉秉公，敏勵振作，清察冒破，不避勞怨，使工作堅固，河道寧謐，斯稱厥職。如或貪惰相循，貽誤河道，責有所歸，閘起下至鎮口閘止一百四十里一應工程物料會同淮徐道督率徐屬河務同知及徐沛卯河等官估辦脩築新開泇河上自李家港口起下至黄林莊止一百六十里各該閘座隄壩與一應工程物料會同兗東道督率馬捕並管泇河通判及滕嶧二縣卯河等官估辦脩築將所屬軍衛有司卯河併閘壩等項官吏兵民時常往来催督及時挑濬仍嚴禁豪右居民不許盜決私阻利己妨公其夫役工食分派山東〻兗單滕定五府縣江南徐蕭碭沛豐五州縣皆有額編務要依期解給應出辦樁草錢糧察照數目依期徵收備用毋容所司那移一應興利除害有益河道關載未盡事宜聽便區處應呈報河道總督裁酌者即報總督裁酌施行各該管河官員須精擇才能常川巡視不許營求別差若該地方軍衛有司官員人等徇私害公買放侵欺及官座攬越牌筏横阻托名挽溜需索打搶詐害白糧等項船隻及假名上供所過騷擾輕則逕自拿究干碍職官參奏處治每年終通將役過人夫用過錢糧脩理工程各細數造冊奏繳三年將滿預先呈部差官更替如遇陞遷仍候交代明白方許離任其府州縣相接札保悉照部司体统爾受茲委任須持廉秉公敏勵振作清察冒破不避勞怨使工作堅固河道寧謐斯稱厥職如或貪情相循貽悞河道責有所歸

尔其慎之。故勅。』

二月十三日，王印周日藻赴蘆政任，水程偕行。

三月二十五日，夏鎮交代。〇常錫胤之官夏鎮也，貪戾殘忍，三年之間，杖斃五百三十餘人，怨口沸騰。大申至兗州，離鎮二百里，方視事，諸怨家噪而前，曰：『新使君至矣！』盈庭皆鳥獸散。未幾，予至鎮，父老迎者數千人。錫胤得代，即日行，無一人送者，心甚慚之。所欲求逞於鎮人者萌諸此矣。〇謁楊大中丞方興。楊時官總河，慷慨任事，所司之才者，虛懷延攬，一見如平生交，留飲極歡。語大申曰：『君無似常君築愁築怨也。』大中丞本知錫胤殘黷狀，而列之薦剡者，錫胤趨炎獻媚，善伺人意旨，楊公墮其術中而不覺也。

四月，陸宜人侍兩大人渡河抵夏陽。三年失侍溫清，宜人以媳代子奉養服勤，大申藉以少寬罪戾，茲得歡聚，寸心始慰。

五月，暴奸人涂弘德等於法。大中丞楊公發之也。錫胤性貪暴，於利無所不析。在夏鎮時，任用老人涂弘德於外，寵信門役萬崇友於內，譏刺漁獵，觸者立碎。以部役房道旺、黃闈禎、金錫興販江淮，賤征貴賣。道旺等以私憾嗾錫胤炙掠酒戶十三家，立斃葛垠之孤孫某。予初至，訟者紛紜，以錫胤故，不忍發。垠飲恨不能忘，愬［訴］之直指馬公騰升，檄臬司捕道旺等急。楊中丞聞之，召予往

尔其慎之故勑

二月十三日王邸周日藻赴蘆政任水程偕行

三月二十五日夏鎮交代○常錫徽之官夏鎮也貪戾殘忍三年之間杖斃五百三十餘人怨口沸騰大中至兖州（離鎮二百里）錫徽方視事諸怨家譟而前曰新使君至矣盈庭皆鳥獸散未幾予至鎮父老迎者數千人錫徽即日行無一人送者心甚快之所以示儆於後人者萌諸此矣○謁楊大中丞方興楊時官提河慷慨任事所司之才者虛懷延攬一見如平生交留飲極歡語大中曰君無似常君采懋采怨也大中丞本知錫徽殘黷狀而列之薦剡者錫徽趦炎諂媚善伺人意旨楊公墮其術中而不覺也

四月陸宜人侍　兩大人渡河抵夏陽三年失侍溫凊宜人以媳代子奉養服勤大中藉以少寬罪戾茲渴礷馺寸心始慰

五月繫奸人涂弘德等於法大中丞楊公發之也錫徽性貪暴於利無所不析在夏鎮時任用老人涂弘德於外寵信門役萬崇友於內識刺漁權船者立碎以部役房道旺黃國禎金錫興販江淮賤徵貴賣道旺等以私憾唆錫徽矣掠酒户十三家立斃苗垠之孫孫某予初至訟者紛紜以（摘）錫徽故不忍發垠飲恨不能忘愬之直指馬公騰陞檄臬司鞫道旺等急楊中丞閔之召予往

曰：『鼠輩事露，必及常君。常爲我所舉，寧能免耶！君亟發之。我爲御史大夫，先得讞，御史不能持兩端矣。』予歸，疏弘德等名以聞。楊公檄河防魏君裔魯勘訊得實，按贓發遣。以援赦報。大中丞復趣予至濟曰：『此曹非善類，今既不得遣，何以服死者心。我檄君挺殺之，一伍伯制其命矣，留此終當不利於君，無作兒女子小不忍也。』予雖嫉惡若仇，終以錫胤故，違長者言。時錫胤治河通惠，道旺等得活，往來交構，謀所以報復於鎮人者日熾矣。

築韓莊石隄［堤］。〇韓莊距鎮七十里，西距微、呂二湖，東峙朱姬等山。每當伏秋水漲，湖河相連，四望浩淼，運艘爲西風所蹴，一嚙［齧］山根，立見傾敗，故有閻王嘴之名。向議築堤未果。至是估計創築兩面石堤四百八十丈，高一丈二尺，頂寬一丈二尺，根寬二丈，約計工料二十萬金，即於募夫內召募石匠，開山采石，燒灰安砌。捐資辦椿，不動官帑。楊中丞曰：『君能如此，萬世之利也。』

六月，楊大中丞疏辭河務。〇予至濟謁公，公置酒後庭，酒半，耳語大申曰：『我官濟上久，今歸，君有爲善後計者，亟語我。』大申彷徨未置對，公曰：『君豈有所顧耶？』亟叱左右退。大申曰：『公德於我深，僕豈敢愛死負知己而生？與觸鋒刃而死，二者孰愈？僕豈敢愛其死。公所寵信趙光顯者，洵公賊也。』公驚悸良久。悉詢所奸鷙狀，廢箸起曰：『老夫幾爲所

曰鼠輩事露必及常君常為我所羣寧能免耶君亟發之我為
御史大夫先得讞御史不能持兩端矣予歸疏引瀛等名以進
楊公檄河防郄君窩贓勘訊得實按贓發遣援赦　赦大中
巫復趣予至濟曰此曹非善類今既不得遣何以服死者心哉
檄君挺殺之一伍伯制其命矣留此終當不利于君無作兒女子
小不忍也予雖嫉惡若仇終以錫紱故遣去者亡時錫紱治河
通惠道時瀛等浮治往來交構謀所以報復於鎮人者日熾矣
築韓莊石隄○韓莊距鎮七十里西距微呂二湖東峙朱姬等山每
當霜降秋水漲湖河相連一望浩淼運艘為西風所蹴一蕩山根立見
傾敗故呂閣主嘗之名向謀築隄未果至是估計創築兩面石隄四百六十
丈高一丈二尺頂寬一丈二尺根寬二丈約計工料二十萬金即於慕夫
內召募石匠開山採石採取安砌捐資辦樁不動官帑楊中丞曰
君能如此萬世之利也
六月楊大中丞疏辟河務○予至濟謁公公置酒後庭酒半耳語大中
丞曰聚官濟上久今歸考已為善後計者亟謂我大中傍徨未置對
公曰君豈有所顧耶亟叱左右退大中曰公德於我深僕豈不愛死負
知己而坐視鋒刃而死之者然愈僕豈不愛其死公所寵信趙光
顯者洵公賊也公驚悖良久悉詢所奸贓狀曆著起曰老夫幾為所

賣。我即械送，君於我未行也，亟訊服之。』大申出，公升堂呼光顯。光顯自以大中丞私人，洋洋而前。中丞叱之下，光顯粗暴，莫知所爲，即日就縛，不許置對。濟中人聞之，皆震駭失色。已知其故，復更快之。〇趙邦安者，滕人也，少亦籍河部，領徒役事，以詭黠成家，有子曰光顯。光顯長，體狀豐偉，智過於父，盤踞都水曹，魚肉工徒，竊弄權柄。懼河道都御史廉得之，以資自薦於楊中丞方興。脂韋陰忍，試以事輒善辦。中丞心許之。纍數年，任倚如左右手。言出於光顯之口，入於中丞之耳，禍福立見。中丞性武健，挫辱所屬吏，奴隸勿若。人畏中丞，因以此畏光顯。光顯得志，驕倨無狀，庭揖都水使者，約結滕、沛令爲兄弟，劫人妻孥，要挾人資產財物，稍不遂意，中以他事，立破碎，人不敢攖其鋒。至是敗露，遠近奔愬［訴］者數百人，邦安聞之宵遁。〇光顯至鎮，神氣自若。意即訊，無奈彼何也。愬［訴］者四集。越三日，傳訊於庭，悉觀者道不能容。予先質大端，撻之以快衆憤焉。次日，檄沛令郭維新至鎮，鞫光顯自服狀四十餘帋［紙］。郭令向爲光顯父子所摧挫，至是刑鞫不少寬假。自亭午至夜分，對簿始竟，光顯已氣奪矣。羈沛獄候讞，夜過新河，光顯有所見，刺刺置對。比至獄，若受箠［棰］楚者，哀號萬狀。不三日，竟死獄中。國法未伸，冥誅已及。爰書成，楊公檄魏河防裔魯覆勘焉。邦安走匿曲阜聖公所，初以求緩死也，久而

賣我即械送君於我未行也丞諷知之大中出公升堂呼光顯光顯
自以大中丞私人洋洋而前中丞叱之下光顯粗暴莫知所為即日鋃縲
不許置對濟中人聞之皆震駭失色已知其叔復更怯之○趙邦安者
滕人也少亦以籍河部領徒役事以詭黠朱家呂子曰光顯光顯老悴
狀更偽智過於父盤踞部小曹魚肉工徒竊弄權柄惧河道都御
史廬得之以資自薦於楊中丞方興脂韋陰忍試以事輒善辯中丞
心許之棊數年任倚如左右手言出於光顯之口入於中丞之耳禍
福立見中丞性武健○撻辱所屬吏○奴隸勿若人畏中丞因以此畏光
顯光顯得志驕倨無狀庭揖部小使者約結滕沛令為兄弟劫人
妻孥要挾人資產財物稍不遂意中以他事立破碎人不敢攖其
鋒至是敗露遠近奔愬者數百人邦安閱之宵遁○光顯至鎮神
氣自若意即訊無奈俊以也愬者四集越三日僕訴于庭求藏者
道不能容予先質大端撻之以快衆憤焉次日檄沛令鄭繼新
至鎮鞫光顯自服狀四十餘條鄭令向為光顯父子所摧挫至是刑
鞫不少寬假自亭午至夜分對簿始竟光顯已氣奪乃解沛獄
候讞於過新河光顯猶有所見剌剌置對比至獄亦受箠楚者甚
號苦狀不三日竟死獄中國法未伸冥誅已及爰書成楊公檄郯
河防裔魯霞勘焉邦安去匿曲阜聖公所初以求緩死也久而

報復之念亦萌矣。

七月，上諭以吏部右侍郎義烏朱公之錫爲兵部尚書，總督河道。九月，朱中丞出都。

十月朔八日，朱中丞至濟受事。○大申於中丞公素無平生交，一見投分，折節虛懷，凡有所請，無不委曲盡意，始得於三年中，成多所建立也。

十一月，估計大挑。故事，應動河帑三千餘金。予報大中丞，椿草向所採辦，微有雜需，臨期設處，不用官錢一文。大中丞始難之，三駁乃允行，手書轉致曰：『三接台教，具服門下見事之明，任事之勇。先事之備，敬聞命矣。』光顯招上，復駁魏河防所覆勘。

戊戌，順治十五年。三十九歲。

正月，大挑泇河。役額夫一千名有奇，募夫三千有奇。冬月築壩斷流，至是晝則挑浚，夜則戽水，大工所急，首重暮夜。滕嶧伐山通運，所在山沙升水，稍弛戽洩［泄］，則積水嚙［齧］堤，全工盡圮。故董是役者，目不交睫二十日，始可告成工也。

二月，大中丞巡視大挑河工，夏鎮所屬，以不動帑金，揚帆徑過，不置較量。

四月，趙邦安赴登聞鼓鳴冤。司鼓者姜黃門希轍，按失實，笞遣之。

釋肩之念亦萌矣

七月，諭以吏部右侍郎義烏朱公之錫為兵部尚書總督河道

九月，朱中丞出都

十月朔八日至濟受事。○大中丞公素無平生交，一見投分折節，

虛懷，凡有所請無不委曲盡（意）始得。於三年中來多所建立也

十一月，估計大挑部事、廳勸河帑三千餘金，予（擬）具由大中丞檄草，向所

採辦料只發需修期，設变不用官錢一文。大中丞（始）難之，三駁始（乃）

允行，手書特致曰：三接台教，具眼門下見事之明、任事之勇、先

事之備，敬服節矣。　光顯招上，復發鄙河防所震勸

戊戌順治十五年三十九歲

正月，大挑泇河，役（頭）夫一千名有奇，募夫三千有奇，冬月築壩斷流，至是

晝則挑濬，夜則庠水。大工所急首在（重暮）夜，滕嶧伐山通運所在，山沙

洩（汁）水稍弛，庠洩則積水嚙堤，全工盡圮，故董是役者目不交睫。

二十日，始可告竣工也

二月，大中丞巡視（大挑河）工，夏鎮所屬以不勤帑金，揚帆經過不置殺量○

四月，趙邦安赴登聞鼓鳴冤，司鼓者姜黃門希轍援失實，皆遣

之

五月，韓莊堤成。朱大中丞題報，旨下吏部紀録。〇二十萬金之工，匪細事也，僅得紀録何居？蓋大中丞詳謹性成，初草疏時張揚功績，煒然可觀，屢議屢削，至於平淡而止。語大申曰：『君勞績自是卓絕古今，但前疏一上，則前乎君者，不免曠工，後乎君者，難爲接武。我非掩君功，求爲可繼耳。』大約中丞公拘謹過慮如此。

六月，議築夏鎮城。〇鎮城每面各二里，其創築西南北三面土垣者，始於明萬曆十二年甲申，主事韓公杲；成於萬曆十五年丁亥，主事楊公信也。東面倚民居以爲固。天啓六年丙寅，郎中豐建欲甃以甎［磚］，築南門樣城三十丈，不果行。蓋鎮居淮、濟之間，南至淮安六百七十餘里，北至濟寧一百八十里，南北迤邐綦九百里。漕行其中，東則山寨蜿蜒，西則長湖浩淼，無州縣城郭以爲之援。脱有竊發，肘腋堪虞。故前人於此欲爲金湯之固者，凡以爲漕也。韓莊堤成，夫力可用矣。適大中丞行河至鎮，士民合辭請。公檄淮徐道李公世洽偕大申及沛令郭維新勘議。議有緒矣，會報允行，始祭告興工。凡一切節夫募工，伐石燒灰，採草燒磚，日課月考，皆大申手自布置。暑雨祈寒，蒙霜犯露，無不以身先之也。

八月，議修鎮山書院。院所以祠朱宫保衡者。衡於明萬曆間開夏鎮新河，德施於民，故庀祠歲祀，不知泇河開而新河已荒之蔓草矣。時祠將圮，予欲修以合祀兩河著績諸公。請之大中丞，檄徐泇

五月韩莊隄成朱大中丞題報　旨下吏部紀錄○二十萬金之工匪細事也僅得紀錄何居盖大中丞詳謹性成初草疏時張揚功績炜於可觀屢議屢削至於平淡而止語大中曰君勞績自是卓絶古今○但前疏一上則前乎君者○不免曠○後乎君者難為接武我非掩君功求為可繼耳大约中丞公拘謹過慮如此

六月議築夏鎮城○鎮城每面各二里其創築西南北三面土垣者始於明萬曆十二年甲申主事迪韩公果宗於萬曆十五年丁亥主事楊公信也东西倚民居以為固天啟六年丙寅郎中曹建以費絀築南門樓城三十丈不果行盖鎮居淮濟之間南至淮安六百七十餘里北至濟寧一百八十里南北運綦九百里漕行其中东则山寨蜿蜒西則長湖浩淼無州縣城郭以為之援脉有窃發肘腋堪虞故前人於此以為金湯之固者所以為漕也韩莊隄成大力可用矣適大中丞行河至鎮士民合辞請公檄淮徐道李公世治偕大中丞勸諭有緒矣會報允行始告祭興工凡一切鄮夫募土伐石燒灰採草燒磚日課月考皆大中手自布置暑雨祈寒蒙霜犯露無不以身先之也

八月議修鎮山書院〻所以祠朱宮保衡者衡於明萬曆間開夏鎮新河遠施於民故庀祠歲祀不知泇河開而新河已荒之蔓草矣時祠將圮予引修以合祀两河著績諸公請之大中丞檄修泇

兩屬捐輸從事焉。

九月，使署雀［鶴］巢成。

張道生者，爲黄門公貞觀之後，桀驁武斷，欲甘心於鎮人，乃與趙光顯結婚姻。邦安之出也，每潛歸，必匿道生所。予偵得之，傳道生笞遣之，以其毀行辱先，下比輿隸也。不知邦安之羽翼益張矣。

十一月，董口閼。大中丞屬予往濬之。予以中河所分地，不往。督促再四，征閩兵艘已至濟上矣，不得已始行。至則李水部調集萬夫，不諳疏濬法，跣踏淤濘，幾至滅頂。中丞惶悸失色。予曰：『俟相度，徐圖之。』故道不可治也，乃自石碑口迤南，别議開新河二百五十丈。中丞公曰：『兵艘且至，此鉅工何時得成？』予曰：『役至萬夫，何事不可爲耶！』乃分爲五旗，旗領地五十丈，限以五日夜告成。晝夜更番，徒役便焉。諸河印官更定就寢。予與中丞坐行帳中，雨雪四積，雞再號，始稍憩，黎明即起。果於二十二日施工，二十六日開壩，兵艘安行無阻。中丞公以爲神，置酒相勞曰：『此工當題敘，然不能及君，及君，則中河司道將不免矣。』疏發，竟敘吕梁主事李縉明、淮徐道李世洽功，部議記録，而予則以一杯爲酬。中丞行事不樂揚人之短如此。

兩屬揖諭從事焉

九月仕署寉巢成

張道者為黃門公貞觀之後桀驁武斷於甘心於鎮人乃與趙

光頭結婚姻邦安之出也並滑歸必匪道生所予偵得之傳道

生皆遁之以其毀行辱先下(比)賊與隸也不知邦安之羽翼益張矣

十一月塋口閘大中(丞)屬予往濟之予以中河所分地不往督促再四趣閘兵艘

已至濟上矣不得已始行丞則李小郊調集萬夫不諳疏濬法回錢賭

淤滓幾(玉)減傾因可治爰中丞惶悚失色予曰侯(相度)徐圖之故道不可治也

乃自石碑口迤南別謀開新河二百五十丈中丞公曰兵艘且至此鉅工

何時得成予曰役至萬夫何事不可為耶乃分為五旗旗領地五十丈

限以五日夜告竣晝夜更番徒役使為諸河印官更定號寢予與

中丞坐行幄中雨雪四集雞再號稍憩黎明即起課於二十二日施

工二十六日開壩兵艘安行無阻中丞公以為神置酒相勞曰此工當

題敘然不能及君及君則中河同道將不免矣疏裝竟徼呂梁主事

李僧略淮徐道李世洽功部祿汜錄而予則以一杯為酬中丞行

事不樂楊人之矯如此

己亥，順治十六年，四十歲。

二月，書院成。題曰『兩河書院』。以祀荒度新、泇兩河諸公也。正祠五人：吳江盛應期，嘉靖七年創開新河，自南陽經夏邨抵留城一百四十里者；萬安朱衡，嘉靖四十四年修，應期未竟工，移沽頭分司於夏鎮者；全州舒應龍，萬曆二十一年創開泇河，鑿韓家莊河四十餘里者；沁水劉東星，萬曆二十九年鑿侯家灣，梁城，通泇口者；大名李化龍，萬曆三十二年濬王市，開紀家集以成泇河功者。兩廡四人：隆慶元年主事陳楠，經始鎮治；萬曆三十二年主事梅守相，佐成泇河；萬曆三十五年郎中茅國縉，澤洽泗人；天啓三年郎中陸化熙，平定賊難。皆鎮民所謳思不忘者，得並祠焉。刑牲妥神，告成禮而退。〇是月，延毗陵湯公綸誥於書院，訓課七屬諸生。復延蒙師李宜培、楊蘊德於兩廡，課導蒙童。每公餘一往，絃〔弦〕誦之聲達於戶外。脯脩廩餼，皆自予取給焉。

朱大中丞丁母沈夫人艱，得旨在任守制。

夏五月，長淮以北迄東郡，雨三月不絕，埸麥浥潰，黍蕩水間，暴漲高閘面三尺，直入鎮城。久雨，民多疫。予延兩醫生施藥書院，遠近就醫者接踵，終六月而罷，計一百餘金，全活者眾。貧者死不能殮，遺棺殮骼。

六月，海寇鄭錦入犯，據京口，沿江樓艣，直達金陵，東南騷動。上將親征。大中丞屬予自水中築堤。水深八九尺，工料莫□，滕、嶧令救死不暇。北來大兵役船夫至三萬人，挽船跋涉，幾至滅頂，死者無算。予遣人操舟，□□日數十人。

七月，崇明總兵官梁化鳳大破海賊於儀鳳門，積甲蔽江，東南復故。

己亥順治十六年四十歲

二月書院成題曰兩河〻〻完以祀荒度新泇兩河諸公也正祠五人吳江盛應期嘉靖六年創開新河自南陽經夏邨抵留城一百四十里者萬安朱衡嘉靖四十四年脩應期未竟工移沽頭分司于夏鎮者全州舒應龍萬曆二十一年創開泇河鑿韓家莊河四十餘里者沁水劉東星（萬曆二十九年）鑿侯家灣梁城通泇口者大名李化龍（萬曆三十二年）濬王市開紀家集以集泇河功者兩廳四人陳楠（隆慶元年主事）經始鈜治萬曆三十二年梅守相（主事）佐集泇河萬曆三十五年郎中茅國縉浚洽泗入天啟三年郎中陸化熙平定賊難皆鎮民所謳思不忘者得益祠焉刑牲安神告事礼而退○是月延毘陵湯公綸講于書院訓課七屬諸生復延蒙師四李宜培楊蘊德于兩座課導蒙童每公餘一往絃誦之聲達于户外膳脩廩餼皆自予取給焉

（朱大中丞丁母夫人艱得旨在任守制）

夏五月長淮以北迄東郡雨三月不絕場麥浥潰黍蕩水間桑浸蒿閭面三尺直入鎮城（久雨民多疫予延兩醫生施藥書院遠近就醫者接踵迄六月而罷計二百餘金全活者衆貧者死不能斂遣棺斂給）

六月海寇鄭錦入犯據京口沿江樓艣直達金陵東南騷動上將親征大中丞屬予自水中築堤水深八九尺工料莫措勝單令救死不暇北來大兵役舡夫至三萬人挽舡跋涉豎王減頃死者無算予●遣人操舟四會日數十人

七月崇明總兵官梁化鳳大破海賊於儀鳳門積甲蔽江東南復敉

上罷親征。

八月，大中丞題爲申明激勸大典事，大申首列薦劾。其考語曰：『湛識運以精心，弘才敷爲實政。堤韓莊而帑金無纖毫之損，城夏鎮而運道有屏翰之資。省試以時，曠冒爲之盡絕；先勞罔懈，廢墜無所不興。』得旨下部注册。〇是月，自瓜、儀以至天津，縱歸船夫。咸鵠面露體，將就死地。予遣官在閘，人給故衣，稍蔽下體。仍量地授錢，俾資生還。

九月，徐屬大荒。予捐三百金，請之大中丞，輸粟臨、德間，開廠設粥賑濟，日食者六百人，婦女許給食焉。流移過鎮者，就食一餐，給錢出境。以予力薄，不能分賑遠人也。〇大中丞題留久任。時諸奸徒伺予報滿，欲釋憾於鎮人，至是聞有久任之舉，計無復之，乃令弘德聯絡邦安、道生等，而以錫胤爲主盟，謀日益狠矣。

十二月，朱大中丞奏請扶櫬回籍。得旨，暫假數月扶櫬回籍，以吏部侍郎楊茂勳署理河務。〇部役奏銷出都，遇弘德、道旺策蹇走良鄉道上，身自蔽匿，不交一言，共知其將謀不逞也。〇自九月至此，賑濟四月，囊已罄矣。出酒器數十金易米，陸宜人盡以簪珥佐之，復辦新春之糧。弘德妻、子四人亦在受賑之列。〇老人楊孟振、孟守節、蕭三元、陳正位者，以兵行，派夫不公，事發，予榜之幾斃。諸奸人以爲可羅而勖也，數遊說之，四人不爲動，曰：『使君即大創某，亦自取耳。』

上羅覲
八月大中丞疏為中明淑勸大典事大中首列薦剡其考語曰湛識運以
精心弘才敏為寔政提韓莊而帶金無纖毫之損城夏鎮而運道有
屏翰之資者試以時曠胃為之盡絕尤勞罔懈屢壁無所不照得
旨下部註冊是月船西自邳俵以至天津縱歸船泆咸鵠面露餅特甚
允地予遣官在閘人給敝衣稍救下餅仍量地授錢俾資生遂
九月徐屬大荒予捐三百金請之大中丞諭粟於德閭開廠設粥賑
濟日食者六百人婦女許給食焉流移過鎮者辨就食一餐給錢
出境以予力薄不能分賑遠人也 大中丞題留久任時諸奸徒四
伺予四酉款滿於釋憾于鎮人至是閔予久任之羣計無復之乃亡
弘德聽諮邦安道生等而以錫徽為主盟謀日益根矣
十二月半大中丞奏請拔擬回籍淂 旨暫假數拔擬回籍以吏部侍郎
楊茂勳署理河務 部役奏銷出部西四遇弘德道旺衆寡走
良卿道上身自蒐逐不發一言共知其將謀不逞也 自九月至此賑
濟回四月粟已罄矣出酒器數十重易米陸宜人盡以簪珥佐之復辨
新春之糧弘德湊子四人亦在受賑之列 老人楊孟振孟守節蕭
三元陳正桂者以兵行沂夫不公事發予榜之襲諸奸人以為
可離而敗也數游說之四人不為動曰使君即大劍某亦自取耳

豈以私情滅公道耶？』○是冬，請以嶧縣兩旗夫更番用工，大中丞許之。嶧夫二百十七名。先是，開泇河時，以江南郡縣稅值募山東夫，嶧大家利其有也，力爭之。不數年即議本省募夫，坐是大困。本朝以來，撫民割據東山，版圖荒索，徭募夫之爲嶧累者，幾於十室九空矣。予久憫之。是月將按籍役夫，議以春夏役嶧上旗夫一百九名，秋冬役下旗夫一百八名，雖有更番之名，已收減半之實。嶧民謳歌載道，相慶更生。按，徭夫每名募值三十六金，減去一旗，每年可省四千金，殘邑得此，非細事也。

庚子，順治十七年，四十一歲。

正月，粥廠賑饑如故。

二月，以兩大人雙壽膺封，遣輔之同陸宜人南還。舟次淮陰，大房長孫女殤。

三月，朔六日，朱大中丞扶喪南下。大申送至臺莊，告中丞曰：『世道險艱，河官與守令判若冰炭。一主於息民，一主於不得不勞其民，以是動招衆忌。公歸，成敗利鈍，聽諸天矣。』大中丞曰：『君勇於任事，不免衆忌。清脩無玷，勿憂也。河事成敗有天，君言良是。』收淚而別。

翼日，部役張庚自京師歸。知群小合謀，而以涂弘德發難，具本通政司。錫胤以七百金遍賄滿漢堂官，將封奏矣。

十九日，同泇河胡君弦勅、沛廣文楊君容如，送唐先生昌運入書院。鎮諸

寧以私情滅公道耶。請以峄邑两旗夫更番用工，峄夫二百十七名，先（是名）（大中丞許之）

是開泇河時，（卯谋）以江南郡縣私值募山东夫，峄大家利其有也，力争之

不敷年。本省募夫生是大困。本朝以来，撫民窮搜，东山放圖荒

索徭募夫之為峄累者，几於十室九空矣。予久憫之。是冬（月搏）按籍役夫

議以清夏役上（峄）旗夫一百九名，孙名役下旗夫一百八名，雜名更番之名已

收減半之實。峄民讴歌載道，相慶更生。按徭夫每名募值三十六金，

減去一旗，每年可省四千金，非细事也。（錢邑得此）

庚子順治十七年四十一歲

正月粥廠賑飢如故。

三月朔六日，朱大中丞扶喪南下，大中送至臺莊。告中丞曰：世道險艱，河官與守令判若冰炭，一主於息民，一主於不得不勞其民，以是動招衆忌。公歸，成敗利鈍聽諸天矣。大中丞曰：君勇於任事，不免衆忌；清修無玷，勿憂也。河事成敗有天，君言良是。揮淚而別。

（二月以兩大人双壽膺封，遣孫之同陸宜人南還，舟次淮陰，大房長孫女殤。）

翼日，有役張庚自京師歸，知群小合謀，而以涂弘德、蔡雜具本通政司，錫胤以七百金編賄满漢堂官，將封奏矣。

十九日，同泇河胡君弦勅、沛廣文楊君容如送唐先生昌運入書院鎮諸

生畢集，禮儀酬酢，較往歲有加焉。衆心感悦。
是月下旬，鎮紳耆聞京信，咸入見慟哭，不能仰視。沛民李秉德、湯應魁、張灼者，尤感憤激烈，誓不與此賊同生，嗚咽伏地不起，慰諭再四乃出。自是而滕、嶧、徐、豐、蕭、碭之求謁者，接踵而至矣。一時詩歌、詞曲，以及街巷俚鄙之謠，遍揭東城，大小百餘首。至有題大聯於同春門者，云：『解衣衣我，推食食我，三年中歷盡苦心，不愧衆父與慈母。』下聯『投畀有北，投畀有昊』，蓋指錫胤也。令勉之同旭初唐先生歸。〇束裝候逮，簡囊中不盈十金，生理盡矣。士庶聞之，設匭投助，遠近畢至。各工夫役有忍饑節百錢投匭者，下逮村落婦女，解簪脱珥，人各輸心。嶧民鐫萬人頌德碑，鄉耆岳岩等百二十五人，走百八十里，鳩萬錢來投。
四月，沛民叩閽者行，老壯二百餘人，齎助資裝者填塞街巷，水陸並進。〇粥廠饑民千餘人，詣門號泣叩頭訖，即至諸生涂懋德家，環門積薪，將焚之。懋德爲弘德弟，外傳誣稿乃其削成，故有是舉。且弘德妻子，自冬至春，仰食粥廠者半年，無以解於衆怒，亦實懋德之罪而率衆以攻也。力諭止之。
望日，京信至。知誣奏於前月密下刑部逮訊，大司寇能公吐付所司歷審，多遁情，即日面奏，請官就勘。得旨，舉楊公古孫、李公天浴、顔公敩，械弘德乘傳南下矣。〇聞朝使至，鎮士民赴濟

生畢集礼儀酬酢較往歲有加焉衆心感悦
是月下旬鎮紳者閲京信咸入見慟哭李秉德湯廷琲張灼者尤感（不能仰視沛民）
憤以為與其不與此賊同生嗚咽伏地不起慰諭再四乃出自是而滕峰
徐豐蕭錫之求謁者接踵而至矣一時詩歌詞曲以及街巷俚鄙之
謡徧揭東城大小百餘首至有題大聯於同春門者云解衣〻我推食〻
我三年中歷盡苦心不愧衆父與慈母下聯投畀有北投畀有昊蓋指
錫紱也令翹之同旭初唐先生歸○來裝侯逮罔橐中不盈十金生理
盡矣士庶閲之設匭投助遠近畢至各工亦投有丐飢節百錢投匭
者下逮村落婦女解簪脱珥人各輸心擧民鐫萬人頌德碑鳩萬錢（鄉耆岳岩等百二十五人走百八十里）
來投
四月沛民叩閽者行老壯二百餘人裔助資裝者填塞街巷水陸
並進○粥廠飢民千餘人詣門號泣叩頭訖即至法生涂楚德家
環門積薪將焚之楚德爲弘德弟外傳証稿乃其削成都召是
舉且弘德妻子自冬至春仰食粥廠者半年無以解於衆怒
實楚德之罪而率衆以攻也力諭止之
望日衆信至知証奏於前月案下刑部逮訊大司寇能公吐付
所司歷審多遁情即日面奏請寘執勘得旨舉楊公孝孫李
公天浴郭公徵械弘德乘傳南下矣○閲朝使至錢士民赴濟

嗚冤者三千餘人，繹絡道路。楊少宰檄濟寧道楊公奇烈、中軍副將楚君進功偕一筆帖來勾逮。自珠梅閘至鎮，環舟而哭者萬餘人，號呼徹天。大申在署，慮且釀不測也，急馳馬至皇華亭與諸君相見，道塞不可行，亟邀登春雨樓，眾稍稍解散云。

翼日，淮徐道李公世洽至，出逮者姓名，自紳衿以至胥史、輿臺、皂隸、商賈、齊民，錫胤所夙憾者，無不羅織也，凡二百二十餘人。〇大申將赴濟上，拜辭合祠先賢，潸然泣下。蓋首祀松陵盛公，以開新河褫職；萬安朱公，被謗按勘經年；茅公惠澤不終，陸公飄搖兵火，皆往事相類者。大申向作祠聯，有『當日功罪是非，歷數十年而始定』之句，不勝今昔之感。沛令分部無辜，鋃鐺滿墀，尤極酸楚。是時日氣微昏，陰颸［飆］四起，大申坐一舴艋遄行，兩岸號泣而送者萬人。路黑更闌，至珠梅閘而止。

〇翼日至濟寧。楊少宰同朝使至御史行臺。唱名後，即以次按訊，首及翁希憲、馬志高二款。

〇晦日，訊蔡锺秀、王化仕、張樞等三款。

五月朔日，訊顧元禎、趙如鑑［鑒］、沈德培、焦欲貴四款。

〇朔二日，訊楊魁、漸復奇、俞耀祖、錢集慶等四款。

〇朔三日，少宰公以捧敕禱雨泰山，停勘。〇濟上劉鐵匠者，能拆字知

嗚寃者三千餘人繹絡道路楊少宰爲檄濟寧道楊公奇烈中
軍副將楚君進功偕一華帖来羽逮自珠梅閘至鎮環舟而哭
者萬餘人號呼徹天大中在署慮且釀不測也急馳馬至皇華
亭與諸君相見道塞不可行也亟亟登春雨樓衆稍稍散云
翼日淮徐道李公世洽至出逮者姓名自紳衿以至胥吏與臺
皂隸商賈齊民負錫織所夙憾者無不羅織也凡二百二十餘
人〇大中將赴濟上拜辭合祠先哭潸然泣下蓋首祀松陵吳公〇
以開新河襯贓〇第安朱公〇被謗按勘經年〇茅公惠澤不絕〇
陸公飄搖兵火〇皆往事相類者〇大中向作祠聯〇有當日功罪是非〇
歷數十年而始定之句〇不勝今昔之感〇涕令分部無辜銀鐺滿
埠尤極酸楚是時日氣微昏陰颷四起大中坐一舫艦遮行兩岸
攀泣而送者萬人路黑更闌至珠梅閘而止
〇翼日至濟寧楊少宰同 朝使至御史行臺唱名後即以次按訊
首及翁希憲馬志高二款
〇晦日訊蔡鍾秀王化仕張樞等三款
五月朔日訊顧元禎趙如鎧沈應培甚欲貴四款
〇朔二日訊楊魁漸漢奇俞耀祖錢永慶等四款
〇朔三日少宰公以捧 敕禱雨泰山停勘〇濟上劉鐵匠者能拆字知

吉凶。張道生者，造謀人也，畫地作平字。劉大驚，曰：『地上加平，此平地風波也，興訟必敗。』張戰色而出。鎮民湯其國爲大申代占，畫一田字。劉曰：『田以夏榮秋實，時方得令，何傷？但須入秋乃結耳。』

○朔六日，少宰公歸自泰安。

○朔七日，訊錢集慶、兒子勉之、家大夫、張樞等四款。

○朔八日，訊張謐、蔡同泰、錢集慶、朱子胤等四款。

○朔九日，訊李元春、兒子壽胥、妓悦九等三款。

○朔十日，訊翁希憲、蔣之儀、顧淩雲、湯誥等四款。

○十一日，訊孟永忠、張樞、梁胤、沈胤培、宋維廣等四款。

○十二日，訊張先、楊進朝、王渭、秦東魯、殷有田、高士魁等六款。

○十三日，訊張鴻飛、馬維駿、周之傑、李元春等四款。

○十四日，刑鞫翁希憲、張樞、沈胤培三人。

○十五日，刑鞫馬志高、張鴻飛、顧元禎、張謐、王璠、翁獻文、蔡同泰、俞光祖、許認、張如星、朱子胤、趙如鑑〔鑒〕、楊都、李世爵、崔豹、楊孟振、孟守節、蕭三元、陳正位、翁祖文等二十人。諸人榜掠慘酷，供伏如初，血流趾斷，呻號達於街巷。朝使訊弘德曰：『衆受嚴刑如此，終不服，奈何？』弘德曰：『我初具奏時，亦誓不出長安門耳！今及此，惟上所命。』朝使曰：『始以汝誠

吉亞張道生者造謀人也畫地作平字劉大鵞曰地上加平此平地
風波也興訟必敗張戩色而出鋸民湯其國為大中代占畫一田字
劉曰叫〻夏榮秋盈實時方濟令何傷但須入獄乃結耳
朔六日少宰公歸自泰安
朔七日訊錢集慶兒子勉之家大夫張樞等四款
朔八日訊張謐蔡同泰錢集慶朱子徽等四款
朔九日訊李元春兒子壽昏妓悅九等三款
朔十日訊翁希憲蔣之傑顧凌雲湯法等四款
十一日訊孟永忠張樞梁徽沈徽培宋維廣等四款
十二日訊張光楊進朝王渭秦東曾殷有田高士魁等六款
十三日訊張鴻飛馬維駿周之傑李元春等四款
十四日刑鞫翁希憲張樞沈徽培三人
十五日刑鞫馬志高張鴻飛顧元禎張謐王璠翁玫文蔡同泰俞光祖
許諟張如星朱子徽趙如鑑楊郡李世爵崔鈞楊孟柢孟守節蕭
三元陳正位翁祖文等二十人諸人榜掠慘酷俯伏如初血流趾踏呻
號達於衙巷　朝使訊弘德曰衆受非刑如此終不服奈何弘德曰我
初具奏時亦誓不出長安門耳今及此惟上所命　朝使曰始以汝誠

公憤耳。今百無一實，法豈汝貸乎？』批頰數十。

○十九日，少宰公同朝使往夏鎮勘視，大申偕行。

按大申聽勘十五日，細究四十二款，而歎錫胤之造謀狠且烈也。錫胤本憾鎮人而發難於大申，故鎮人之凡有隙者皆不免焉。或督工，或燕會，或過付，或建祠，或保留，而生監十八人無一免矣。或役夫，或科斂，或乾沒，或冒濫，而書吏十五人無一免矣。或抄掠，或興販，或督夫，或營建，或駕船，或行刑，而承舍、快皂五十餘人無一免矣。或造訪，或聯盟，或鳩金，或稱貸，或迎海寇，或建生祠，或立義學，或占市集，而鄉耆四十餘人無一免矣。至若誣兒輩及陳藹士人吉、陸平遠灝、林平子子襄也，則以《生兒行》一篇、《遊湖》詩四首、《九日》詩一首、《出獵》詩十二首證；其誣湯公綸誥也，則以《贈公綸》詩四首證；其誣上元挾妓也，則以《贈悅九》詩一篇證；其誣歃盟通賊也，則以《上巳大會》詩一首證；其誣截流阻漕也，則以《泠然閣》詩一首證。問之弘德，無問意義未解，即句讀亦未能斷。朝使每質一詩，輒批其頰。至若誣七旬之老父以受賄行私，遠涉訟庭，此仇尚可共戴天日哉？案內株連干證九十餘人，非證也，亦諸奸所宿憾，欲連繫入都，爲一網打盡之計，以快其私憤也。狠哉！毒哉！豈知鬼蜮易窮，公道難泯。奸人知事不可爲，屢欲吐供造謀之錫胤，朝使數叱之，故罪止及於弘德也。

公憤耳今百無一實法豈汝貸乎批題數七
十九日少宰公同 朝使往夏鎮勘視大中偕行
按大中往勘十五日細究四十二款而嶭錫徽之造謀狠且怨也錫
徽本憾鎮人而發藉於大中故鎮人之凡有邵者皆不免焉或督
工或燕會或過付或建祠或保留而生監十八人無一免矣或役
夫或科歛或乾沒或冒濫而書吏十五人無一免矣或抄掠或興販
或僭夫或營建或駕船或行刑而承舍快皂五十餘人無一免矣或
造訪或驅逆或鳩金或稱貸或迫海逸或建生祠或立義學或
占市集而鄉耆四十餘人無一免矣至若誣免華及陳翁士人吉陞平
遠灝林平子〻襄也則以生免行一篇游湖詩四首九日詩一首出獵詩十二
首誣其誣湯公綸諧也則以贈公綸詩四首誣其誣上元挾妓也則以贈
悦九詩一篇誣其誣歌兒通賊也則以上巳大會詩一首誣其誣截流阻
漕也則以冷待閣詩一首誣問之弘濂無問產業未解即句讀亦未
能辨 朝使每質一詩輒批其類至若誣七旬之老父也受賄行私遠
涉訟庭此仇尚可共戴天日哉案内株連干誣九十餘人非誣也亦
諸奸所宿憾於速繫入 郡為一網打盡之計以快其私憤也狠哉
毒哉吾知冤獄易窮公道難泯奸人知事不可為屢於吐供造謀
之錫徽 朝使數也之於罪止及於弘濂也

二十一日，入夏境。老幼爇香迎者四十里。抵鎮城，匍伏道旁，求正弘德罪者萬餘人。少宰公以鋤奸扶善慰之，衆乃起。○先勘皇華亭，豐碑屹然，壯麗如故。○密遣筆帖式往司署舁刑具至，非有加於常刑也。○勘北城民地，無有毀者。○勘水關未開，少宰公曰：『水未入城，何以膠淺漕艘？』弘德出城圖證之，一朝使笑而起。○勘司署湖開樓船[船]，令弘德引道，皆平陸也。問樓船何在？弘德詭云『已毀矣』。朝使曰：『船即毀，湖亦毀耶？』弘德曰：『向以《泠然閣》詩爲證，今閣亦無之乎？』○勘自盖生祠。弘德引入書院。少宰公曰：『勘生祠，奚至是？』弘德曰：『朱公祠是也，他所不知。』

○二十三日，沛令來見。詢趙光顯事，令曰：『奉行按審，怨家四十餘。明質其罪，獄成責決，法所難貸，具詳批駁。病死獄中，無他故也。』○詢多收吏書，曾支廩給，免差徭乎？令曰：『食於官者，例當八人。即八人亦不免踐更，安能旁及？』太宰公曰：『前供貼寫是也。』○泇河通判見，詢夫食事。曰：『廳催縣給，此歷年舊例也。部司止承空文轉達耳。誠有剋減，罪當在廳，能掩千人口哉？』○遣筆帖式勘毀民房二千家。度春雨樓舊基，較新城出五六丈。是移入，非移出也。安所得民房而毀之耶？

○二十四日，少宰公同朝使策馬走烈日中，自呂壩至李家口，不見廢堤。公曰：『此當論河廢不廢，不必論拆壩不拆壩也。河已截流，取石建城，何

廿一日入夏境老幼爇香迎者四十里抵鉄城閘伏道旁求宥弘德罪者萬餘人少宰公以鄉奸扶善慰之衆乃起○先勘皇華亭豐碑屹然壯麗如故○案遣筆帖式坐司罷舁刑具至非有加於常刑也○勘北城民地無有毀者○勘水關未開少宰公曰水未入城何以滕淺漕艘弘德出城圖記之朝使笑而起○勘司署湖閘樓船令弘德引道皆平陸也問樓船何在弘德詭云已毀矣朝使曰船卽毀湖亦毀耶弘德曰向以冷落閑詩為詠今閑亦無之乎○勘自盖生祠弘德引入書院少宰公曰勘生祠奚至是弘德曰朱公祠是也他所不知

○二十三日沛令來見詢趙光顯事令曰奉行擬審怨家四十餘明質其罪擬成責次法所難貸具詳批駁瘐死獄中無他故也○詢多收吏書曾支廩給免差徭乎令曰食於官者例當八人卽八人亦不免賤吏安敢旁及太宰公曰前供貼寫是也○迦河通判見詢大食事曰催縣給此歷年舊例也部司止承宣文轉達耶研詳有刦減罪當在僱能掩千人口哉○遣筆帖式勘毀民房二千家度春雨樓舊基較新城出五六丈是移入非移出也安所渴民房而毀之耶

○二十四日少宰公同朝使策馬走烈日中自呂壩至李家口不見廢隄公曰此當於河廢不廢不決於拆壩不拆壩也○河已截流於右建埽柯

害！』〇令弘德引勘湖藕，自李口至滿壩，復自滿壩至南莊，不見一藕葉。少宰公曰：『爾奏夏鎮四面圍湖，居民栽藕爲業，今安在？』弘德曰：『有之，在李口迤西耳。』少宰公策馬取故道行。弘德尋思良久，蛇伏不肯前，曰：『設李口亦然，誣不甚耶？』朝使怒批其頰。所至沿湖聚落，男婦執香訟冤者不絕。馬過，無不詬厲弘德焉。〇秦秉和子見，少宰公曰：『尔父爲分司所逼，今弘德爲尔伸雪，更何待？』曰：『某父以痰厥死，不知所謂威逼也。』〇淮徐道至。少宰公曰：『弘德奏拆毁河堤，徐道爭之而不顧，信乎？』李公曰：『河廢百年，堤經數四轉移，存無幾矣。請命而行，河官事也，道奚爭者？且道即爭，弘德何以知之？』

〇二十五日，少宰公行河而南，與朝使別。〇李化鳳至，訊之，乃其弟世鳳也，云化鳳死於賊七年矣。問沛令，令曰：『死賊時有案，非謬。』朝使曰：『尔奏分司公子升堂責化鳳，今化鳳死七年，將誰責耶？』弘德俛［俯］首。〇遣筆帖式勘中軍旗鼓廳，指賓館爲對。〇勘戶部公署，湫隘卑庳，曰：『是千金所售乎？』弘德無以應。〇弘德引朝使沿河勘視，老稚紛集，喧哄沸天，日中罷市，弘德恐恐然不敢仰視。朝使慮生變，亟令渡河，河西之人詬詈如東。朝使斥弘德曰：『尔仗義爲地方除貪暴吏，邦人不汝德而詈汝，何與？』弘德曰：『若輩不明大義，受平時小惠，輒德之耳！』朝使曰：『尔奏其聚斂害民，反加惠耶？』不答。〇風迅，亟開船，哭送者如前。婦

害○令弘德引勘湖藕自李口至滿壩渡自滿壩至南莊不見一藕
葉少宰公曰爾奏夏鈇四面國湖居民栽藕為業今安在弘德曰有
之在李口迤西耳少宰公策馬取故道行弘德尋思良久跪伏不肯
前曰後李口六待註不甚耶 朝使怒批其頰所至沿湖采藕男婦
執香訟冤者不絕焉過無〔為〕不詬厲弘德焉○秦秉和子見少宰公曰
尔父為分司所逼令弘德戕尔伸雪更何待曰其父以疾死不知所
謂威逼也○淮徐道至少宰公曰弘德奏拆毀河堤徐道爭之而不
聽信乎李公曰河廢百年堤經數四轉移存無幾矣請命而行河官
事也道奚爭者且道即爭弘德何以知之
○二十五日少宰公行河而南與 朝使別○李化鳳至訊之乃其弟世鳳
也云化鳳死於賊七年矣問沛令令曰死賊時有案非謬 朝使曰尔
奏分司公子并臺責化鳳令化鳳死七年將誰責耶弘德俛首○遣
筆帖式勘中軍旗鼓廳指賓館為對○勘戶部公署湫隘卑庳曰
是千金所售乎弘德無以應○弘德引 朝使沿河勘視老稚紛集
喧闐沸天日中羅〔沛〕拜弘德兢兢俯不敢仰視 朝使處生變亟令渡河河
西之人詬詈如东 朝使斥弘德曰尔仗勢為地方除貪暴吏郡人不
汝德而詈汝何與弘德曰若輩不明大義受平時小惠鄉德之耳 朝
使曰尔奏其秉欽害民反加惠耶不答○風逆亟開船哭送者如前婦

孺呼弘德名，擲瓦礫於舟，所至相接詬詈。朝使諭之曰：『分司廉仁，月來具悉。弘德自作惡孽，不久正罽辟耳。爾等寧家，俟命下，以視直道可也。』衆泣謝。

○二十六日，商民吴士奎、湯其圍等歸投匭所入金，大申曰：『我薪水尚能給，亟以濟在事之貧者。』

○二十七日，入濟寧，移寓靳襄尺于讓宅。靳爲兩城先生孫，先生曾爲我郡丞，官至少司馬。

六月十二日，朝使録郭振光。振光爲十五年遣捕邦安者，受賄縱之逸，今案狀無名，而邦安必欲掛之獄。報應反覆如此，可爲小人殷鑒。

○十四日，壽胥、勉之先至，公綸、平子、餘伯繼之，家大夫以老病肩輿最後抵寓。雙鬢蕭然，瘦損非故。四年來，大申罪積如山矣，拜見時，哽咽不能言。

○十八日，聞報，以少宰公巡撫湖廣，擬禮部侍郎白色純署河務。

○二十日，鎮民汪啓道、方齊泰以所貯義匭金續投。念縲事窮民，負販求活，今羈紲且五十日，稿項待斃矣，急令均給，得濟數十人。豐沛遺墟，不獨匹夫慕義，其婦女亦慷慨知大節焉。簡義籍中得投匭婦三十七人，金錢簪珥，追趨恐後。物雖微，誠可享也。余簡銀佛一尊，以志高義，餘給在事貧民。表而出之，用著土風。

○二十四日，少宰公得報歸。

嗚呼弘德名擲丸碌于舟所至相接詬詈　朝使諭之曰分司龐仁月未具悉弘德自作志孽不久正國初亦尔等寧家俟命下以視其近可也衆泣謝

二十六日商民吳士奎湯其國等歸投匭所入金大中曰我薪水尚欲給無以濟在事之貧者

二十七日入濟寧稼萬斬奚尺千謨定薪為兩城先生孙先生曾与我郡丞官至少司馬

六月十二日　朝使錄鄭振先振先為十五年遣補邪安者受賄縱之逆令案狀無名而邪安必引擲之獄款廉及震如此可為小人殷鑒

十四日壽胥勉之先至公綸平子餘伯縱之家大夫以老病肩輿家後抵寓双鬓蕭然瘦損非故四年来大中罪積如山矣（拜見時）嗚咽不能言

十八日聞叔以少宰公尤掄湖廣撫禮部侍郎白邑純署河務

二十日鎮民汪啟道方齋泰以所貯三匭金續投念綠事窮民負販求活令竊細且五十日稿項待斃矣急今均給得濟數十人　豐沛遺墟不稻匹夫慕義其婦女亦慷慨知大節焉簡義以贊中得投匭歸三十七人金錢簪珥追趣其後物雖微誠可嘉也余簡銀佛一尊以誌高義餘給在事貧民素而出之用暮大風

二十四日少宰公渴叔歸

○二十六日，補録家大夫暨兒子壽胥、勉之、公綸、平子、餘伯，部役李元春、梁胤、周普、朱之璜口供，與大申前供無異。○濟寧州投山東丁酉鄉試録至，房考泰安州知州張錫懌，字悦九，弘德誣奏中乃以妓目之。朝使問弘德曰：『詩中稱白面張郎，此豈妓女耶？』弘德語塞。

○二十八日，朝使詰弘德曰：『汝謂分司欲避海寇，將卜居夏鎮，故有築城之役。復云率衆迎賊。若欲迎賊，胡不於近海處迎之，而故遠涉江淮耶？且汝云分司以全夫賄賣，復云夏鎮全夫俱在城工。賄賣者何人？築城者何人？』弘德叩頭伏誣，批頰二十，牽之出。

七月朔十日，迦河胡君弦敕來濟。○患難以來，人情厚薄不齊。至親骨肉，多有陌路相視者，胡君休戚相依，始終一節，意氣之感，能不金石銘之？○得朱大中丞婺州書，曰：『此番奇變，夢想所不到。焦勞之餘，竊念天道不遠，涇渭黑白，或能瞭然。今幸有見晛之望。平日一片期許公心，亦得表暴矣。』細察翁意，似稍寬慰，後皆敦勖語也。

○十四日，得報，白少宗伯辭署河務，復推苗僉憲澄等四人，未下。十八日始定苗公。

○二十九日，少宰公拜疏訖。壽胥南下。四月受誣，慘辱備至，幸素履無玷，或可不致顛趾也。

八月十七日，得報，奉旨下部覈［核］議具奏。家大夫病不能支，僦裝謀歸。

○二十六日補録家大夫暨兒子壽昏勉之公綸平子餘伯部役李元春
梁徽周音朱之璜口供與大申前供無異○濟寧州投山東丁酉鄉試録
至泰安州知州房考張錫懌字悦九弘德証奏中乃以妓目之 朝使
問弘德曰詩中稱白面張郎此皆妓女耶 弘德謹案
○二十八日 朝使詰弘德曰汝謂分司往迴海邊將卜居夏鎮故召菜城
之役復云率衆迎賊若往迎賊胡不於近海處迎之而於遠涉江淮
耶且汝云分司以金夫賄賣復云夏鎮金夫俱在城上賄賣者何人
菜城者何人弘德叩頭伏誣批類二十章之出
七月朔十日迦河胡君弦勃來濟○患難以來人情厚薄不齊至親骨肉
多有陌路相視者胡君休戚相依始終不節意氣之感能不令石銘之
得朱大中丞黎州書曰此番奇変夢想所不到焦勞之餘竊念天
道不遠涇渭黑白或能徐徐分今事有見睍之望平日一片期許公
心亦得表暴矣細察翁言似稍寛慰後皆穀鼎語也
○十四日得叔白少宗伯鋅署河務復推苗命憲澄等四人未下十八日
始定苗公
○二十九日少宰公拜疏乞壽昏南下四月受証條存倫至幸未履豈
非或可不致顛躓也
八月十七日得叔奉 旨下部覈議具奏家大夫病不能支假裝謀歸

○十九日，拜別家大夫，且喜且黯然也。寄二弟一劄。

○二十二日，接家大夫夏鎮手諭，曰：『兒以忠廉被誣，所幸神天鑒佑，當事秉公，俾即昭雪。我日夜焦心，惟慮兒積勞病發耳。須慎自調攝。我初北發時，了無驚懼，昨別二孫，不覺淚下，亦拋撇汝父子不下也。』讀竟，涕泗交頤。

九月朔六日，得兒子吳門信，知家鄉諸事俱非。幸生平無失德於友朋，獲罪於里黨，故意外之事尚少，祇受炎涼人欺侮爾。

○朔八日，署河苗僉院蒞事。○得家大夫清江浦信，黄河走溜受驚，途間飲食少進，然數數念申病不置。

○十一日，京信至，知部議已定，以有貴妃之喪，故未上。

○二十八日，邸報小帖：刑部覆奏，涂弘德依驀越赴京，奏告叛逆等項機密重事不實，屬有司者發邊外爲民律。大申以迎接總河，不應褻入民房，寫匾贈人，未免輕率之過。請敕吏部議覆。奉旨：涂弘德依議。顧大申着吏部議奏。餘俱依議。

十月朔四日，械弘德於獄。前此羈縻而已。○朝使啓行，出濟北門，士民焚香抱生位送於郊外。諸公苦心推鞫，爲二百餘人雪冤，絺綌而來，裘褐而去，蕭然數騎，歌誦載途，可謂不辱君命矣。

○朔五日，遣人馳報家大夫曰：『昨部復命下，清白無慚，奸誣正罪，足以慰』

○十九日，拜別家大夫，且喜且黯然也。寄二弟一札。

○二十二日，接家大夫夏鎮手諭曰：兒以忠直被謫，所幸神天鑒佑，當事秉公，俾即昭雪。我日夜焦心，惟慮兒積勞病發耳，須慎自調攝。我初北發時，了無驚懼，昨別二孫，不覺淚下，亦拋撒汝父子不下也。讀竟，涕泗交頤。

九月朔六日，得兒子吳門信，知家鄉諸事俱非，幸生平無大德於友朋，獲罪於里黨，亦意外之事，尚少祇受炎涼人欺侮爾。

○朔八日，署河苗僉院從事。○得家大夫清江浦信，黃河老淄受驚，遂聞飲食少進，於數數念中病不置。

○十一日，系作至知部，議已定，以呂貴妃之喪，亦未上。

○二十六日，邸抄小帖刑部覆奏：涂弘德依蓦越赴京奏告叛逆等項機密重事不實屬呂司者，發遞外為民律；大中以遞接撥河不應，襲入民房寓廬，贈人未免輕率之過。請勅吏部議覆奏。旨：涂弘德休議，彭大中著吏部議奏，餘俱休議。

十月朔四日，械弘德于獄，前此羈摩而已。○朔使執行出濟北門，士民慕者抱生位送於郊外。諸公苦心推鞫，為二百餘人雪冤，締裕而來，袁福而去，蕭於數騎，歌誦載塗，可謂不辱君命矣。

○朔五日，遣人馳款家大夫曰：昨部覆　命下，清白無慚，奸誣正罪，足以慰抵都門，始知部義決裂之詳。先是，雖奉嚴旨，部中徧閱糧冊，如我郡方正學、徐太師、董尚書等戶名，皆前代數百年人，已揭出行查矣，三郡官京師者不自安，嗾部胥以賄中滿司。滿司官覺之。曰：『審尔則三萬餘人，人輸數金，數十萬可立致也。』要求無厭，漸聞於政府。北方當事者，利南人之無噍類也，數宣言以媒蘖其事。每吏、戶二部啓奏，四輔臣時揚言之，部臣皆惙惙自恐。適大學士金之俊，以伊子世渼亦在逋籍，伏疏請罪，得旨下部察議，而部覆遂牢不可破也。〇於查王望培繼齋晤李敬茲天浴。李奉使雪予誣獄歸，每對同官，數稱歎大申不置，且語同門查王望曰：『顧君入都，當於君所圖快聚。向在任城，避嫌不敢相接，時念此快人也。』是日與王望同出署，一見定交，歡飲至暮，自是每休沐必過從。

九月，禮部復戶部疏：舉、貢監生於旨前完足者，免其提解。衆情稍慰。〇同時，葉編修方藹以欠制錢一文辯，宋檢討德宜、周侍御季琬、金侍衛世渼以由單不符辯，徐修撰元文以開冊錯悮〔誤〕辯，張大參弘俊、薛侍御陳偉、馮侍讀源濟、彭進士孫遹、周孝廉瓚以冒立辯。奉旨俱行該撫察明具奏。而戶部請禁黷奏之疏出矣。凡有奏銷抑冤者，許赴督撫呈辯。嗟嗟！呈督撫，則下藩司，以逮郡縣，所求之途愈多，要挾愈甚，擔當愈益不力，得開復者幾人哉？〇方部行提解在籍紳衿也，三郡人情皇皇，懼蹈不測。吳門諸君子聯絡醵金，幾至數萬。

抵　部門始知部議汎裂之詳先是雖奉　敕旨部中編閱糧冊如我郡方正學徐太師並尚書等户名皆前代數百年人已揭出行查矣三郡官吏師者不自安嗾部胥以賄中淌司淌司官覺之曰審爾則三萬餘人之輸數金數十萬可立致也吾亦無猷謝罰于政府北方當事者利南人之無唯數也數宣言以媒蘖其事每吏户二部歷奏四輔臣時揚言之部臣皆懵懵自然逋大學士金之俊以侄子世漢亦在逋籍伏疏請罪得　旨下部察議而部覆擬遂牢不可破也○於查王瑞瑤疏

齋時李讌語天浴李奉使雪予冤獄歸每對同官數称歎不置且註同門查王瑞白顧君入告方當於君所因快采向在任城迎擋不期相接時念此快人又是日與王瑞同出署一見定交歡飲至暮自是

每休沐必過從

九月禮部覆户部疏革貢監生於　旨前完足者免其提解衆情稍慰○同時葉編脩方藹以欠制錢一文辯宋檢討德宜同侍御李琰金侍衛世漢以由單不符辯徐修撰元文以開冊錯誤辯張大參弘俊薛侍御陳偉馮侍讀源濟彭進士孫遹周孝廉璜以冒立辯奉　旨俱行該撫察明具奏而户部請禁贖奏之疏出矣凡有奏銷寃抑者許赴督撫呈辯嗟嗟呈督撫則下藩司以逮郡縣所求之速愈多勒掯愈甚擔當愈益不力得開復者幾人哉○方部行提解在籍紳衿也三郡人情皇皇俱惴不測吳門諸君子聯絡醵金幾至數萬

比簋金入都，而金完免解之旨已下，僅於戶曹稍稍布置，以畢前件。予亟移書錫山、毗陵任事諸公，而中飽者已四萬金矣。纔脱文網，乘人之急而因以爲利，豈有肺腸者耶！

壬寅，康熙元年，四十三歲。

候補在京三郡士大夫，日望曠恩開復，再四陳請，不許。衆情企戀，謬引階梯，變恠［怪］百出，及至責其實效，總屬子虛。時爲周侍御季琬、徐修撰元文、吳檢討珂鳴、華侍讀亦祥所留，叫閽無路，浮沉而已。

二月，移寓城西摩訶庵，偕周侍御季琬、馮侍讀源濟、陸平遠灝、曹次岳岳遊西山：先香山寺，次皇姑寺，次石景山，觀渾河，次磨石山、承恩寺，次聚寶山、碧雲寺，次退穀孫少宰別業、臥佛寺、水盡頭、滴水崖，次玉泉山，凡數日。或曰渾河以西山更深奇，以欲趣歸裝，未得往。

三月晦日，辭親知南歸，至張灣登舟。

六月朔八日，抵舍，行七十日。

九月八日，家大夫稱七旬之觴。〇郡伯遼左郭公廷弼屬周廣文建鼎禮聘郡紳包前輩爾庚、宋宗丞徵與、王樞部廣心、張少參安茂、陸少參振芬，洎大申六人纂修郡志。郡伯日致廩餼，五日一至。定稿大申所分水利、兵制、學校、公署、烈女、壇廟。復偕林平子子襄撰次圖經。

比羸全入都而全完免解之旨已下僅于户曹稍稍布置以畢前
件予亟移書錫山毘陵任事諸公而中飽者已四萬金矣幾脫文網
乘人之急而因以為利豈有肺腸者耶

壬寅康熙元年四十三歲

候補在京三郡士大夫日望曠息開復再四陳請不許衆情企悉
謀引階梯發怯百出及至責其實效總屬子虛時為周侍御季琨
徐修撰元文吳檢討珂鳴華侍讀亦祥所留斗閣各路浮沉而已
二月移寓城西摩訶菴偕周侍御季琨馮侍讀源濟陸平遠灝曹
次岳岳遊西山先香山寺次皇姑寺次石景山觀渾河次磨石山彩
息寺次聚寶山碧雲寺次退谷孫少宰別業臥佛寺水盡頭滴水
崖次玉泉山凡數日或曰渾河以西山更深奇以外趣歸裝之日得
往
三月晦日辭親知南歸至張灣登舟
六月朔日抵舍行七十日
九月八日家大夫稱七旬之觴○郡伯遼左郭公廷弼屬同廣文建
影禮聘郡紳邑前輩爾賡宗宗丞徽與王樞部廣心張少恭安茂陸
少恭振芳洎大中六人纂脩郡志郡伯日致廩餼五日一至定稿大
中所分水利兵制學校公署列女壇廟復偕林平子子襄撰次圖經

十一月，孫文宗胤驥科試，次兒勉之取入青浦學。
十二月，浙胡文宗尚衡科試，大兒輔之取入湖州府安吉州學。

癸卯，康熙二年，四十四歲。

二月，郡新志成。
四月，爲勉之娶周公茂源長女。
五月，得報，補授順天府糧馬通判。京官正六品，爲兵馬指揮、京府通判二缺，兵馬穢雜，心所畏避，去秋已補西城，以前官辯復留任，遂有是補。
八月十九日，率家累北行。拜辭兩大人於西園，家慈泣語大申曰：『我連年多病，自問不能久視。汝上世皆以兄弟失睦，遂至不振。汝向視弟如子，善始終之，我即不韙，亦瞑目矣。』灑泣而别。我母亦知庚子之役弟待子侄不甚善，即友于之愛，未免稍殺於昔也。
九月，渡江至淮。淮海道佟韓一國禎、淮徐道項犀水錫胤，流連歡飲。佟以舟送予至彭城，項以舟載家眷行泇河，期於南陽並舟北上。時以項大參投轄情深，且連年往來夏鎮，人情繾綣，餽［饋］問不衰，心竊愧之也。及自徐沛抵南陽，鎮民餽［饋］遺迎送如故，跋涉而來者百餘人。〇過濟寧，朱大中丞招飲河署，贈遺成禮，以所乘官舫馳送入都。

十一月孫文宗徵繼科試次兒勉之取入青浦學

十二月浙胡文宗尚衡科試大兒輔之取入湖州府安吉州學

癸卯康熙二年四十四歲

二月郡新誌成

四月為勉之娶周公茂源長女

五月得報補授順天府糧馬通判京官正六品為兵馬指揮京府通判二缺兵馬職雜心所畏過去秋已補西城以前官辭復留任遂已是補

八月十九日辛家累北行拜辭兩大人於西園家並泣語大申曰我連年多病自問不能久視汝上世皆以兄弟失睦遂至不振汝向視弟如子善始終之我即不暨亦瞑目矣灑泣而別我母亦知庚子之役弟待子侄不甚善即友于之愛未免稍殺於昔也

九月渡江至淮淮海道佟歸一國禎淮徐道項扆收錫微流連歡飲佟以舟送予至彭城項以舟載家眷行泇河朔於南陽並舟北上時以項大參投轄情深且連年往來夏鎮人情繾綣餽問不衰心竊愧之也及自徐沛抵南陽鎮民餽遺迎送如郡跋涉而來者百餘人〇過濟寧朱大中丞招飲河署贈遺成礼以所乘官舫馳送入都

十月朔六日，寅，大房殤五孫女生。〇舟至楊村登陸。
十二月朔二日，赴京兆受事。别駕與府尹同爲堂上官，謁九列臺省投刺，分賓主禮，斯以異於兵馬也。僦館外城，非朔望朝參不至，娱情詩酒，雅稱清宦。其所職掌，歲終考覈［核］州縣衛所功最，上大京兆奏銷黜陟。於巡鹽御史、學使者爲屬員，例皆手版伏謁。予以老部郎素爲當道所謬許，兩差命下，先過從投名刺，及往報謁，又以一名刺還手版，惟時索詩畫爲羔雁而已。

甲辰，康熙三年，四十五歲。

京兆任事。
四月，恭領十四年覃恩誥命二軸。
七月二十四日午時，先慈許宜人終於西園之正寢。大申在都，夜夢城中所居正樓崩壞，大雪紛墜。次早語陸宜人曰：『我聞雪於兆爲喪服，且正樓，内寢也，抑禍及我母乎？』中心摇摇，不知所届。
八月二十四日，梁大將軍馳傳，以家大夫手訃至。一慟幾隕，頃之獲蘇，昏迷不能成禮。陸宜人簡槖中不及二十金。宋宗鄉徵輿聞之，即以告施待御維翰、黄農部宣泰，謀之於總憲龔公鼎孳，

十月朔六日寅時大房殤五孫女生○舟至楊村登陸
十二月朔二日赴京兆受俸別駕與府尹同為堂上官詣九列臺省投
刺分賓主禮斯以異於兵馬也俶儻外城非朔望朝參不至娛情
詩酒雅稱清宦其所職掌歲終考覈州縣衛所功宦上大京兆奏
銷黜陟於北鹽御史學使者為屬員例皆手版伏謁予以老
部郎來為當道所諒許兩差 節下先過從投名刺及出款謁
又以一名刺還手版惟時宗詩畫為羔雁而已

甲辰康熙三年四十五歲
京兆任事
四月恭領十四年
覃恩誥命二軸
七月二十四日午時先慈許宜人終於西園之正寢大中在 都夜夢
坐中所居正樓崩壞大雪紛墜次早語陸宜人曰我閱雪於北
為喪服且正樓內寢也抑禍及家母乎中心搖搖不知所屆
八月二十四日梁大將軍馳傳以家大夫手訃至一慟幾隕墜之獲
蘇昏迷不能守禮陸宜人闔橐中不及二十金宋宗卿徵輿閎
之即以告施侍御維翰黃農部宣泰謀之於揔憲龔公鼎孳

亟爲助喪事。於是孫少宰承澤、王宗伯崇簡、蔡中丞士英、李銀臺天浴、王納言綱、魏太宰裔介、吴黄門國龍、李黄門宗孔、查黄門培繼、季侍御振宜、許侍御之漸、徐修撰元文、吴庶常元龍，凡知交四十許人，投賻五百餘金，始得成禮。

九月朔三日，開吊。吊客至四百餘人，自政府、九列、臺省以下，無不束芻酹奠，都門詫爲僅事。〇陸宜人素羸弱，亦同朝夕哭。大中一哭即昏眩移時，宜人輒彷徨扶掖，以待其蘇。凡七日不御水漿，親知力解，乃進粥一匕，右鄰高陽李相國霨，素未往來，李性方介，罕與朝士接，至是垂吊，出語合肥龔公曰：『不意古禮復見今日。我聞京兆哭盡哀，是以吊爾。』

〇十一日，徒跣謝吊。

〇十五日，率家累下潞河奔喪。第二訃至。

〇二十五日，抵天津，登梁大將軍官舫。〇自津門以迄臨德、張秋，舟過，當道無不出吊者。

十月二十六日，抵濟寧，兵行。〇戌時，次女生。

〇三十日巳時，二房長孫女生。

十一月朔，朱大中丞以犒兵，故至日始至祭奠。濟寧道方蛟峰兆及、泉閘主政王蘭陔澧及諸知交相繼至。〇即日進謝大中丞，留小飲，辭

丞為助喪事於是孫少宰承澤王宗伯崇簡蔡中丞士英李
銀臺天游王納言綱魏太宰裔介吳廣川國龍李黄門宗孔查黄門培繼季
侍御振宜許侍御之漸徐修撰元文吳庶常元龍凡知交四十許
人捐賻五百餘金始得成禮
九月朔三日開弔弔客至四百餘人自政府九列臺省以下無不來弔
酹奠 鄒門諸為僅事 ○陸宜人素羸弱亦同朝夕哭大中一哭即
昏眩移時宜人輒徬徨扶掖以待其甦凡七日不御水漿知力
辭乃進粥一匕右隣高陽李相國霨素未往來李性方介罕與朝士
接至是垂弔出語合肥龔公曰不意古禮復見今日衆聞京兆哭
盡哀是以弔爾
○十一日徒跣謝弔
○十五日辛家里下潞河奔喪第二訃至
○二十五日抵天津登梁大將軍官舫 ○自津門以迄臨德張秋舟過嘗
十月二十六日抵濟寧兵行 ○戌時次女生
道吾不出弔者
○三十日巳時二房長孫女生
十一月朔朱大中丞以標兵數至日始至祭奠濟寧道方蛟峯兆及泉
閘主政王蘭陂澧及諸知交相從至 ○即日進謁大中丞留小飲畔

不敢嘗，進蔬飯。大中丞曰：『兩月前得訃，即爲君謀，無當意者。我雖如水之庭，尚能爲太夫人終喪事。』歸舟，贈四百金，即日解維。

〇朔十日，抵夏鎮。河道郭水部諫、沛令郭君維新、徐鎮周副戎貴俱來祭奠。士紳、兵民、商賈設路祭數十所，各村落老稚婦女焚生芻、望船叩哭者千餘人，阻兵不得行。

十二月朔，出董口，渡河，溯淮，晝夜兼行。

〇十九日，瓜洲渡江。洋子江潮信，冬月以初三、十八爲大，過此則不能進口矣。奔喪之人，紆阻百日，求死不得，急促放舟渡江，漕艘鱗比江口，舟系漕舟尾，乃金山大洋矣。

〇二十三日五鼓，西北風發，亭午愈厲，漕舟沉溺屢見，巨浪如山，萬石之舟輕如敗葉，妻孥八口，幾不免爲魚鱉也。自反生平，了無怖色，兩晝夜風始息，船終不得進口。

〇二十六日，輔之至，知二弟已促大人於十五日舉襄［喪］。生不能盡色養之誠，沒不得與哭泣之位，至求撫棺躄踴亦不可得，痛哉！〇傳聞堪輿張存岳者，本諸生，粗涉地理，謂先王父葬地善，若以先慈葬穆位，將來當發次房。弟少年不曉事，因誤聽之，懼我歸必他卜，即不卜，亦無虛昭就穆之理，故急促成之。

〇除夕，泊舟京口。聞訃以來，百二十餘日，道路逶迤，靈帷未覲，酹酒稽顙，痛極號天，五內慘烈，未有甚於斯時者也。

不矜嘗進蔬飯大中丞曰兩月前得訃即為君謀並嘗〻〻者我雖如水之庭尚能為太夫人終喪事歸舟贈四百金即日解維

○朔十日抵夏鎮河道郭水部諫沛令郭君浚彩徐鎮周副戎貴俱來祭奠士紳兵民商賈設路祭數十所各村落老稚婦女焚生芻望船叩哭者千餘人阻兵不得行

十二月朔出董口渡河溯淮晝夜兼行

○十九日瓜洲渡江洋子江潮信冬月以初三十八為大過此則不能進口矣奔喪之人縴阻百日求死不得冀促放舟渡江漕艘蟻泊江口舟繫漕舟尾乃金山大洋矣

二十三日五鼓西北風發亭午愈厲漕舟沉溺屢見巨浪如山萬石之舟輕如敗葉妻孥八口幾不免為魚鱉也自反生平了無怖色而晝夜風始息船終不得進口

○二十六日猶之至知二弟已促大人於十五日葬襄生不能盡色養之誠沒不得與哭泣之位至求撫棺擗踊亦不可得痛哉○傳聞堪輿家存岳者奉諱生粗涉地理謂先王父葬地善若以先慈葬穴位將來當發次房弟少年不曉事因慢聽之懼我歸必他卜即不卜亦啟窆昭穆之理故無促葬之

○除夕泊舟条口聞訃以來百二十餘日道路遑遑靈帷未覲酹酒稽顙痛極號天五內慘裂未有甚於斯時者也

乙巳，康熙四年，四十六歲。

歲首，江潮未生，船猶不得上。

朔五日，募京口營兵譟［噪］而前，始奪入京口閘，河流淺阻，至七日，潮長放舟，復晝夜行。

二十五日，抵郡西門。先見家大夫，哭語移時。乃登舟北至墓所，同陸宜人瞻拜痛哭，慘動左右，已三鼓矣。先命輔之於城居設帷堂，夜分後，抱先宜人之主於二弟家，入城安位。奠，長幼詣次哭。

二十九日卯時，大房長孫受昌生。○是日易吉，迎誥軸。

二月朔日，開吊。自大將軍、藩臬監司、郡縣以下，賻隧成禮，七日乃止，偕二弟謝吊者。

○十六日，同二弟上海謝吊。歸，泊船新涇口。夜半有賊十數人，闌舟而入，僕輩皆受傷，我兄弟幸無恙。次日聞於大將軍，移報督撫，交章上聞，賊亦就擒。

六月，積勞成疾。同門張咸一志尹巡鹽兩浙，按郡來祭奠，扶病將迎，至晚轉劇。

七月望日，病初瘳。金太傅之俊以先宜人小祥，自吳門來祭奠，周旋往復，夙疾復增，幾至不測。又二十日乃痊。

八月中秋，不孝斷酒久矣。家君垂憫，置酒桂園，卒以露坐久，前病復發。

乙巳康熙四年四十六歲

歲首江潮未生船從不得上

朔五日蒙京口營兵操而前始奪入京口閘河流淺阻至七日潮長放

舟復晝夜行

二十五日抵郡西門先見家大夫哭諳移時乃登舟北至墓所同陸

宜人縣抱痛哭悽慟左右已三鼓矣先命輔之於城居設帷堂夜分

後抱先宜人之主於二弟家入城安位奠告切諸次哭

二十九日卯時大房長孫受昌生○是日易吉迎　誥敕

二月朔日開弔自大將軍藩臬監司郡縣以下畢隧禾禮七日乃止偕

二弟俗弔者

○十六日同二弟上海俗弔歸泊船於涇口夜半有賊十數人鬭舟而入僕輩

皆受傷家兄弟幸無恙次日聞于大將軍移飭督撫交章上聞賊

亦就擒

六月積勞致疾閉門非戚一志尹以鹽兩浙按郡來祭奠扶病將迎

至晚轉劇

七月望日病初瘳金太傅之俊以先宜人小祥自吳门來祭奠周旋出

復感疾復增幾至不測又二十日乃瘥

八月中秋不孝渺酒久矣家君垂憫置酒桂園并以露坐久前病復發

又支離月餘。自六月至此，臥病百日，僅存皮骨，衰端見矣。
〇二十四日，小祥。

又支離月餘自六月至此所病百日僅存皮骨衰端見矣

○二十四日小祥

丙午，康熙五年，四十七歲。

二月二十二日，朱大中丞之錫卒於官。訃至，設位哭。哲人萎矣，我獨何生？公清忠和惠，外寬中介，治河十年，未嘗心許一人，每對僚佐，輒曰：『本朝無才，求一劉忠宣便不可得，舍顧水部其誰？』庚子誣獄興，中丞奉母喪歸婺，得報，廢寢食者數日，中夜唏嘘，撫床太息曰：『天不容好人耶？』聲動左右。

五月，郡守張公羽明以諸生公請，乞祠先王父於學宮。匍匐至廣陵，學使梁公儒允行，且以偵大中丞扶喪之信也。

六月，以七百金購董氏別業，移居尤墩，有終焉之志。

八月，先宜人大祥，奠而哭。渺隔音容，已四移歲琯矣。

九月，家大夫稱觴後，買舟迎朱大中丞之喪。真州獲晤龔大司寇鼎孳，同至淮陰，時龔已調司馬矣。

十一月朔二日，中丞喪至淮安，登舟慟哭，目爲失明。大申少壯時，能於數丈外識蠅頭字，自甲辰哭母漸就虧短。是日哭罷，起居沈夫人，外視船舷，不辨天日。翼辰爲文設祭、置奠。

〇二十五日，服除。設位奠哭，以疾移於方伯佟公彭年，乞其上請爲色養地也。

十二月望，送大中丞喪於吳門。入哭，起居沈夫人，乞小像以歸。中丞無嗣，歲時伏臘，對像而奠，以展國士之知。〇謁方伯公，促其代請撫君乞養。佟

丙午康熙五年四十七歲

二月二十二日朱大中丞之錫卒於官訃至設位哭哲人萎矣我獨何生公清忠和惠外寬中介治河十年未嘗心許一人每對僚佐輒曰本朝無才求一劉忠宣便不可得舍郎水部其誰唐子證徵興中丞奉母喪歸婺得訃廢寢食者數日中夜欷歔拊牀太息曰天不容好人耶聲動左右

五月郡守張公羽明以諸生公請乞祠先生父於學宮甫訇至廣陵學使梁公儒允行且以俟大中丞扶喪之信也

六月以七百金購董氏別業移居尤墩有終焉之志

八月先宜人大祥奠而哭渺陽音容已四移歲琯矣

九月家大夫孫鶴後買舟迎朱大中丞之喪真州獲晤龔大司寇鼎孳同至淮陰時龔已調司馬矣

十一月朔二日中丞喪至淮安登舟慟哭目為失明大中少壯時能於數丈外識蠅頭字○自甲辰哭母漸就斷短○是日哭罷○起居沈夫人○外視船舷○不辨天日○翼辰設告文祭置奠

○二十五日服除設位奠哭以疾移于方伯佟公彭年乞其上請為邑葬地也

十二月望送大中丞喪於吳門入哭起居沈夫人乞小像以歸中丞無嗣歲時伏臘對像而奠以展國士之知○謁方伯公從其代請撫君乞葬佟

公有難色，曰：『公壯年，胡不仕？他人求半綸不得，公顧薄京兆耶？』亟促報文。是時家大夫已七十有四矣，子情隱痛，誰能知之！

公召雍邑曰公壯年胡不仕他人求半綸不得公厭薄京兆耶亟促叙文

是時家大夫已七十有四矣子情隱痛誰能知之

丁未，康熙六年，四十八歲。

二月，上諭吏部嚴覈內外告病、告假各官，其有托辭規避者議處以聞。報至，藩司立意不可回矣。峻駁府文，急趣就道。

閏四月二十五日，復有北征之役。拜辭家大夫，淚淫淫濕衣袂。時大人已七十有五，而神氣猶旺，囑大中努力圖辯，勿以抗糧自玷。

〇二十八日，抵吳門，病作，遷入虎丘僧舍。諸醫進藥攻治，殊未驗，扶病登舟。陸平遠灝偕勉之同載至京口。司李同門王玉叔錫琯率醫蔡士遴至，投劑以安神養氣爲主，每下一匕輒效。予自哭母沉頓，昨束裝時，大將軍、郡守以下，尊酒應酬，凡二十晝夜，勞罷所積，宿疾陡發，兼以肺虚生咳，不能峻補，蔡所投是也。

五月十九日，抵淮。淮海道祖仁淵澤深留予養屙［痾］張考功新標曲江樓中，日一過訪，攜家樂設席湖墅。勞頓增疾，夜分胃痛，幾至不測。呼吸差池，四大將離也。翼日，以鄙意投補中益氣一劑，中膈頓舒，始進飲食。

六月朔六日，登舟。勉之同李鴻章、梅公爽南歸。舟至天妃宫，河流內灌，挽一小艇，五百餘人。出口，淮黄泛濫，輓［挽］船者没波濤中，浮沉如鳧雁。收雒馬湖，風雨大作，自午至酉，幾覆獲存。

〇望日，至夏鎮。符水部應琦出迎，招飲鶴巢中。士民觀忭如昔。

〇十八日，至濟寧。謁總河楊大中丞茂勳，握手款留。楊於庚子署河事，

丁未康熙六年四十六歲

二月　上諭吏部嚴覈內外告病告假各官其有托辭規避者謀
處以閑缺至藩司主意不可回矣遂駁府文立趣就道

閏四月二十五日復有北征之役拜辭家大夫淚涔涔濕衣袂時大人
已七十有五而神氣猶旺囑大中努力圖報勿以抗疏自玷

○二十六日抵吳門病作遂入虎丘僧舍請醫進藥攻治殊未驗扶病
登舟陸平遠瀏偕勉之同載至京口因李同門王玉烨錫琯辛背蔡
士遴至投劑以安神養氣為主每下一匕輒効予自哭母沉鬱昨秋
時大將軍郡守以下尊酒應酬凡二十晝夜勞罷所積宿疾陡發
兼以肺虛生咳不能峻補蔡所投是也

五月十九日抵淮淮海道祖仁淵澤深留予養痾張考功新標曲江樓中日
一過訪攜家樂設席湖墅勞頓增疾初分胃痛幾至不測呼吸甚也
四大將辭也翼日以部臬投補中益氣一劑中膈頓舒始進飲食

六月朔六日登舟勉之同李鴻章梅公爽南歸舟至天妃宮河流內灌
挽一小艇五百餘人出口淮黃泛濫挽船者沒波濤中浮沉如鳧雁
收雒馬湖風雨大作自午至酉幾覆獲存

○望日至夏鎮衍付水部應琦出迎招飲鶴巢中士民歡忭如昔

○十六日至濟寧謁總河楊大中丞茂勳握手款留楊于庚子署河事

爲予昭雪誣獄者也。

七月朔四日，入都。是行也，幾七十日，養屙［痾］於吳門、京口、淮陰者三十餘日。

八月，赴戶、吏二部申辯，許令伏闕疏陳。

十月朔八日，以臣冤七載未伸事，詣通政司陳奏，通政李公天浴，庚子歲先帝遺勘誣獄者也。見奏，顧僚佐曰：『寧有溢額急公而坐逋抗者，必伸雪之。』某通政以歲久爲詞，李公曰：『通政爲天子納言，論曲直，豈聞久暫耶？』遂得封進。旨下戶部察議。部覆行江寧撫臣察明完糧題參月日，到部另議。上從之。

十一月廿八日，幼兒采之生。

○二十六日，二房長孫受祉生。

十二月朔六日，出都。

○十八日，宿遷渡河。先是，走淮陽者，自清河縣黃家營渡河。自煙墩決，桃源以下涸矣。故問渡鍾吾，歷泗州、盱眙、天長至廣陵，非輶軒所經，行灌莽中。是日大風雪，凡三四渡已昏黑矣。抵歸仁集堤，長河阻之，雪積二三尺許。渡子暮歸，遍索，得草船以渡，人馬殭［僵］不能起。堤脊如劍，冰滑雪深，數仆數起，入旅店已夜分矣。僅存一息，明燈濁酒，如慶更生。

○二十六日，渡江。自泰安至此，半月不接晨暉，行道勞苦，冰霜雨雪，靡境不歷。所宿郵亭旅舍，犬豕同棲，卑穢萬狀。京口斷流疏鑿，募小舟至雲陽，主僕趾相接。炊時煙氣縈目，婦孺啁嘈，不能忍，久亦漸忘。人生身外皆長物，貴賤屈伸，奚足數哉！逼除抵虎丘，不及東歸，寓僧舍。

為予昭雪詿誤者也
七月朔四日入　都是行也凡七十日羇旅于吳門京口淮陰者三十餘日
八月赴戶吏二部申辯詳令伏　闕疏陳
十月朔八日以臣冤七載未伸事詣通政司陳奏通政李公天浴庚子歲
先帝遣勘詿誤者也見奏敘條佐曰寧有溢額急公而坐逋抗者乎
伸雪之其通政以歲久為詞李公曰通政為天子納言論曲直豈問久
暫耶遂得封進　旨下戶部察議部覆行江寧撫臣察明完糧題
參月日到部另議　上從之　十一月廿八日幼兒采之生
二十六日二房長孫受祉生
十二月朔六日出　都
十六日宿遷渡河先是去淮陽者自清河縣黃家嘴渡河自煙墩次桃
源以下涸矣故問渡鍾吾歷泗州盱眙天長至廣陵非輿轎所經行灘
莽中是日大風雪凡三四渡已昏黑矣抵歸仁集隄去河阻之雪積二三
尺許渡子暮歸編宿得茅船以渡人馬躓不能起隄脊如劍冰滑雪
深數仆數起入旅店已夜分矣僮存食燃燭溫酒如慶更生
二十六日渡江自泰安至此半月不接晨暉行道勞苦冰霜雨雪靡境不
歷所宿郵亭旅舍犬豕同棲卑濕萬狀京口以流澌壅募小舟至雲陽
主僕趾相接炊時煙氣蒙目婦孺咽噎躁輒不能忍久亦漸之人生身
外皆長物貴賤屈伸奚足數哉歲除抵阜丘不及東歸寓僧舍

戊申，康熙七年，四十九歲。

正月朔八日，謁大中丞韓公世琦，知部咨於除夕始到。俟開印，將以次檄行藩府也。韓故驕倨不可近，至是禮遇甚殷，且自任甚力，不可解也。藩司佟君，壬辰副榜，向附年譜，事以賄成浮薄谿刻，鮮有得脱者。雖撫君意甚善，其中未必有也。十二日抵家，藩司已檄府矣。郡伯張公羽明素負通敏，不旬日，得實，轉報藩司，駁回。

二月朔九日，以府縣冊結詣藩司，又駁。聞家大夫病，即日東歸。陸宜人出西園，侍湯藥。時以親病爲急，置微名於度外矣。〇大人老疾，多因飲食失調，每臨箸輒祝曰：『可休矣！』大人即停箸，頃之再進。終日夕和衣假寐。聞大人呻吟聲，即起扶持，水漿不敢失節。每神氣清泰時，輒曰：『藩司得當否？人呼此君爲潼關，此關哪得破也。』佟與潼音類，奏銷寃抑者，每自控求白，至此格不行，間有行者，非數千金不能轉達，故以關呼之。〇一日，大人氣體殊適，忽呼大申夫婦曰：『我畢命在今夕矣。亟扶我往佛亭一拜。』大申恐冒風寒，力阻不宜出。頃之，忽向二弟附耳語。乘我夫婦出，二弟竟扶大人崎嶇登佛亭矣。蓋佛亭仰塵上，尚有先宜人所貯二百金，故弟促大人禮佛以探之也。大人分授大申兄弟，二弟分百金，即趣肩輿歸。大申揮涕納大人篋中，大人曰：『君子不失爲君子。』實以銜二弟云。〇未幾，二弟復令侍婢竊奴僕契券去，於是大人之僕婢皆仰命於少主矣。未幾而

戊申康熙七年四十九歲

正月朔八日謁大中丞韓公世琦知部咨於除夕始到俟開印將以次檄行藩府也韓於躬倨不可近至是禮遇甚殷且自任甚力不可解也藩司佟君壬辰副榜向附軍譜事以賄成浮薄谿刻鮮有得脫者雖捻君亦甚善貴中未必有也十二日抵家藩司已檄撫府矣郡伯張公羽明來負通敍不旬日得寬移款藩司駁回

二月朔九日以府縣册結詣藩司又駁聞家大夫病即日束歸陸宜人出西園侍湯藥時以叔病為急置此名於度外矣○大人老疾每多因飲食失調每臥署邸祝曰可休矣大人即停署頃之有進終日夕和不假寐聞大人呻吟聲即起扶持水漿不孑失節每神氣清泰時輒曰藩司當否人呼此君為潼關此關那得破也佟與潼音類奏銷寬抑者每自投求白至此格不行間有行者非數千金不能轉達故以關呼之○一日大人氣觧稍適忽呼大中夫婦曰我畢命在今夕矣亟扶我往佛亭一拜大中旦冒風寒力阻不宜出頃之丑向二弟附耳語棄我夫婦出二弟竟扶大人崎嶇登佛亭矣蓋佛亭仰壓上尚留先宜人所貯二百金於和促大人禮佛以探之也大人分授大中兄弟二弟分百金即趣肩輿歸大中揮涕納大人篋中大人曰君子不失為君子實以衛二弟云○未幾二弟復令侍婢竊奴僕契券去於是大人之僕婢皆仰命于少主矣未幾而

大人之園亭一切供帳几席，日稍稍遷去，我匿不以聞。大人微聞之，飲恨不敢發。○大人病且起，大申數哭告曰：『兒素行大人所知，媳婦孝謹，奉大人如所生父，不乘此時亟依兒，煢煢獨處，設有不韙，兒百死何以自解。』大人性嚴急，久病，僕婢皆厭苦之。知始終不懈者，我夫婦也，遂決意舁疾就養西村，日漸平復。

三月，兩兒購徐氏西餘草堂，修葺竣事，迎祖父往觀。大人上下山廊，不須人扶，歡笑如常時。置酒款山鄰，竟能追陪賓客矣，幸哉！○山歸，齎府文往吳門，滯胥溪者半月。藩公再四推駁，無一瑕隙，始得轉達。而亡弟二十三日之訃至矣，痛哉！○亡弟爲先宜人末子，向驕縱，喜狎博徒，不謹於飲食、房室，因得脾疾，時時失血，痿且不起，支離偃蹇者五六年，瀕於死者數矣。先宜人罄所藏資以娛，痼疾藥一匕，投土木參一二兩，連年藥餌之費至數千金。稍起即投博徒家，呼盧達旦歸，復偃蹇如故矣。今年春以奉侍大人，得連床月餘，講求養生出處事，將理經生業，分判經旬，遽成永訣，痛哉！○傳二十二日，亡弟與諸少年博至攘臂，怒未解，悞[誤]投飲食，即困憊不能起。又悞[誤]以爲虛也，索人參煎五錢服，甚善，又投五錢，益極口稱善，又促煎八錢，甫觸口，再咽而奔吐，僕枕頸垂垂不能直矣。大人有事於西園，與勉之同載過弟後門。弟婦吳以疾甚，亟請大人省視，大人促棹徑行，謂勉之曰：『又將托疾駭我資也，我資盡矣。』次早，疾

大人之園亭一切供帳几席日稍〻還去家匱不以聞大人微聞之飲
恨不能發○大人病且起大申數哭告曰兒素行大人所知媳婦孝謹
奉大人如所生父不乘此時亟休兒恥〻猶變設召不起兒百死罔以
自解大人憮然憐其久病僕婦皆厭苦之知始終不懈者家夫婦也遂
決意舁疾就養西村日漸平復
三月兩兒娶徐氏西余草堂修葺竣事迎祖父觀大人上下山廊不須人
扶歡笑如常時置酒款山隣競能追陪賓客矣幸哉○山歸蕭府文
世吳川沛胥溪者半月蓬再四推駁無一瑕隙始得暫達而亡弟
二十三日之訃至矣痛哉○亡弟為先宜人末子向膝縱喜狎慓徒不謹
於飲食房室因得腳疾時〻失血瘦且不起支離偃蹇者五六年瀕
於死者數矣先宜人盡所藏資以娛痼疾藥一七投去术參一二兩連年
藥餌之費至數千金稍起即投情臣家呼盧達旦歸復偃蹇如故
矣今年春以奉侍大人得連牀月餘講求養生出處時事將理經生業
分判經句遼米永訣痛哉○傳二十二日亡弟與諸少年博至摴蒱興未
解惧投飲食即困憊不能起又惧以為寒也家人參煎五錢服甚善又
投五錢益從口咏善再促煎八錢甫觸口再咽而奔吐仆枕頸垂〻不能直
矣大人召事於西園與勉之同載過弟後門弟婦吳以疾甚亟請大人省
視大人促棹徑行謂勉之曰又將托疾賺家資也家資盡矣次早疾

將革，顧弟婦吴曰：『父老，我後事匪兄弗濟，今奈何？』已不能復語。伸一指，若以後事屬輔之者，遂絶。嗚呼痛哉！

○輔之得報，涕淚交下，亟入城，撫簣悲慟，徒步庀林，終含斂［殮］乃歸。先是，輔之剛急不能容物，弟每短於祖父母前，數見詬厲。庚子之變，復有傷心之嫌。先宜人喪，又屢挫辱兩家兒婦，故弟胸中不自安，慮輔之無甚休戚，不得已而屬之，卒竭誠成禮，是乃我子也！

已上數條，似不宜暴弟之短，蓋欲垂之家乘，訓我後人爲父母者，當迪子弟以德義，勿使驕縱，自奪年命。爲子弟者，宜敬長慈幼，無即慆淫，以保世滋大也。

家大夫以哭子過哀，夙痾復發。大申抵家，昏眩不能語，每一俯仰，淚溢出沾枕席上。彷徨救視，夜請於天，以身自代，半月餘方進飲食，漸次攻治月餘，乃安，起居如常，無復沉頓矣。○歸家之次日，乘隙棹小艇，哭弟帷前，一慟而咽，氣不能蘇。哭母之後，繼以哭弟，兩目如障雲霧，成廢人矣。弟婦年且少，侄方離繈褓，欲强之同居，爲理家事，俟藐孤成立，以謝九京。反復開導不能決。

四月杪，撫疏稿至，剖晰［析］詳明，大人令申讀。讀竟，據席狂喜曰：『汝無端斥落，今伸雪可期。我病漸復，即汝彈冠之信也。其亟治裝，我雖老，能自撐持，勿復縈念。』

○藩司詳撫，例當一駁，中丞破格立行，不牽文

將革頃弟婦吳曰父老我後事匪兄弗濟今家印已不能復語伸一
指若以後事屬輔之者遂絕嗚呼痛哉○輔之得報涕淚交下亟入城
撿簀些物徒步扺林終含歛乃歸先是輔之劉急不能安物弟每短
於祖父母前數見詬厲庚子之變復予傷心之爐先宜人喪又屢挫
辱兩家兒婦於弟胸中不自安處輔之無甚休戚不得已而觸之乎
詬誶筭禮是乃我子也
已上數條似不宜暴弟之短蓋欲垂之家乘訓我後人為父母者○
當使子弟以德義○勿使驕縱自尊年邪○為子弟者○宜敬長慈幼○
並即悔悟○以保世滋大也○
家大夫以哭子過哀風痾復發大中扺家昏眩不能語每一俯仰淚溢出
治桃席上榜從救視疾請于天以身自代半月餘方進飲食漸次攻
治月餘乃安起居如常無復沉頓矣○歸家之次日乘隙棹小艇
哭弟帷前一慟而咽氣不能蘇哭母之後繼以哭弟兩目如障雲霧
筭廢人矣弟婦年且少侄方離襁褓非強之同居為理家事俟藐
孤筭立以符九泉友復商薬不能決
四月杪撿疏稿五劄晰詳明大人命申讀之竟援庠往喜曰汝無端斥
落今伸雪可期矣病漸復即汝雖冤之信也其亟治裝我雖老能
自撐持勿復縈念○舊日詳擬例當一駁中丞破格立行不章文

墨，其視佟君何如哉！

五月朔三日，晨起拜辭家大夫。同登舟，送大申至扈浦，歡然就他舫歸。風大迅利，歷泖澱，凡三時，行二百餘里。自盤門至閶門，尚未暝也。大人病劇時，大申齋宿擬乞延於岱宗，茹素不改。

○朔四日，謁韓大中丞。出疏稿相示，曰：『我待君來而後發，何久不至耶？』語以前故，辭出，即日拜發。

○朔六日，辭撫公行，偕行者爲丘古臣信。

○十二日，廣陵登陸。

○二十一日，肅謁岱宗，恭陳哀悃。翌辰遄發。

○二十六日，觸暑入都。知已旨下戶部察議矣。江南司滿官屯泰格不行，大司農王公弘祚三四駁，不理也。

六月十三日，部覆：『前有請禁贖奏之旨，凡奏銷冤抑者，許訴督撫代題。今督撫何以不行，俟本人疏辯，乃知其果冤抑耶？議將該督撫藩司，敕下吏部議處。』且曰：『從前開報有司，未取口供，難爲定案，應下所司取口供到日另議。』長安士大夫，交口知其決裂也。旨下：『這事情尔部行察，據該撫韓世琦稱，布政司查徵糧紅簿並印單，顧大申完糧在先，題參在後，已經明白具題，不必駁察。著再議具奏。』雖滿司黠橫，亦無可如何矣。議伏職上，旨下吏部，滿考功復有

墨貝祝侯君何如哉

五月朔三日晨起拜辭家大夫同登舟送大中至廬浦歡於紀伯船頭風大迅利歷渺瀰凡三時行二百餘里自楚門至閶門尚未暝也大人病劇時大中齋宿於乞庭于岱宗茹素不敢

○朔四日謁韓大中丞出疏稿相示曰家待君來而後發何久不至耶語以前故辭出即日拜發

○朔六日辭撫公行偕行者為立古醫信

○十二日廣陵登陸

○二十一日肅謁岱宗恭陳衰悃翌晨遄發

○二十六日冒暑入都知已 旨下户部察議矣江南司滿書屯泰楷不行大司農王公弘祚三四駁不理也

六月十三日部覆前至請禁黷奏之 旨凡奏銷寬抑者許訴督撫代題令督撫何以不行俟本人疏辯乃知其果寬抑耶議將該督撫藩司 勅下吏部議處且曰從前開報各司未取口供雖為定案應下所司取口供到日另議若安士大夫交口知其決裂也 旨下述事情著部行察核該撫韓世琦稱布政司查徵糧紅簿并印冊形大中丞撥在先題參在後已經明白具題不必駁察著再議具奏雖滿司點檢亦無可如何矣議伏職上 旨下吏部滿考功復否

所要求，不遂，嗾滿侍郎泰必兔定稿駁参。滿太宰阿思哈辭厲曰：『此駁聖旨也。皇上屢詰責部臣反復多事，顧明旨亦將兒戲耶？』令曹吏易稿即上，得旨依議。七年沉頓，至是始見天日焉。〇自辛丑至此，詿誤者三萬餘人。其得自辯伏官者，宋簡討德宜、徐修撰元文、葉編修方藹、周侍御季琬、葉進士方恒、錢孝廉上安、趙孝廉澐、徐孝廉乾學、金侍衛世渼及大申十人而已。諸君皆負深心大力，指揮匠意，僕以一手足枝梧其間，屢躓後定，得返汶陽，事後思之，亦危矣哉。

九月，積勞成疾，幾瀕於危。

十月二十五日，天安門銓補，復授工部屯田清吏司郎中。

〇二十六日，太和殿引見，病尚未復也。次日，命下。

十一月十七日，受屯部事。大司空王公熙謂同列曰：『十六年老部長來也！』不無馮唐白首之歎。曾有詩曰：『若問起家諸執戟，微臣已是魯靈光。』蓋實事也。

所要求不遂嗾滿侍郎泰不免定稿駮參滿太宰阿思哈許恐卿曰

此駮 至旨也 皇上屢詰責部臣反覆多事形 既旨亦將息之

我耶令曾更易稿即上得旨休致七年況較至是始見天日焉

〇自辛丑至此註誤者三萬餘人其得自辯伏官者宋簡討德宜

舉徐修撰元文葉編修方藹周侍御季琬葉進士方恒錢孝廉上

安趙孝廉澐（徐孝廉乾學）金侍御世渼及大中十人而已諸君皆負深心大力指

揮匠意僕以一手足枝梧其間屢躓復定得返汶陽事後思之

亦危矣哉

九月積勞搆疾幾瀕於危

十月二十五日 天安門銓補復授工部屯田清吏司郎中

〇二十六日 太和殿引見病尚未復也次日 命下

十一月十七日受屯部事大司空王公熙謂同列曰十六年老部長來

也不無馮唐白首之歎曾見詩曰永閉起家誰執戟朝臣已是曾

靈光蓋實事也

己酉，康熙八年，五十歲。

正月，吏科給事中馬齊蘭請更關差。下戶部議，復遣部員如故。先是歸並地方官管理故也。

奉旨，以六部賢能司官往，且責堂上官保舉，疏名引見。

二月，各部舉漢官十八人，大申與焉。引見武英殿。上命戶、工二部會同酌量人地相宜者注差。部注大申往揚州關。上見同部滿漢並差者，皆改注，程焦鹿汝璞改蘆政，蔡雪餘兆豐改淮安，劉介公元勳改蕪湖，史□□縉改南新，大申改贛關。君命所及，贛豈有異於揚？特以江淮遠涉，無能迎養，惘然久之耳。

按：數年前，各關差遣，皆循資俸，無問能否，例得銜命以往，稅皆溢額。今則保舉而後引見，引見而後定差，招搖翕張，奔走如騖，舉朝視爲曠典。肆筵設席，賓從若狂，倡優廚保之徒，應接不暇。至於矜恩念德，暮夜饋遺，施者不厭，受者不慚，甚而闖人非數金不通名刺。我輩違時倔強之人，對此能不三歎。

〇十三日，大房次孫受□生。

三月朔，得旨，同滿刑部郎中伊圖、禮部筆帖式蕭國弼偕往，恭領勅［敕］書一道。

四月朔二日，同陸平遠灝、謀卓弟，洎次兒勉之就道。

己酉康熙八年五十歲
正月吏科給事中馬爾蘭請吏關差下戶部議復遴部員外郎先
是歸併地方官管理郎也年 旨以六部足能司官往且奏堂上
官保舉疏名引見
二月各部舉漢官十六人大中與焉引見 武英殿 上命戶工二部會
同酌量人地相宜者注差部注大中往揚州關 上見同部滿漢並
差者皆改注程侶康汝瑛改差改蔡雪餘兆豐改淮安劉介公之勳
改蕪湖史 繆改南新大中改贛關君命所及頼先君異於揚特
以江淮遠涉無能迎養惆悵久之耳
按數年前各關差遣皆循資俸每問能否例得銜 命以性從皆
溢額今則保舉而後引見引見而後定差招接翁張府老如鶩
舉朝視爲膻與肆從設席賓從若往倡優廚保之徒應接不暇
至於矜恩念德暮夜饋遺施者不厭受者不慚甚而闇人非數
○十三日大房次孫受生
全不通名刺家華速時倔强之人對此能不三歎
三月朔得 旨同滿刑部郎中伊圖禮部筆帖式姜圖爾偕往恭
領
勅書一道
四月朔二日同陞平遠溯謀阜弟洎次兒勉之紀道

○望日，至滕縣臨城驛，離夏鎮三十里，符使君應琦置酒迎勞。傳夏鎮城爲地震所圮，春雨樓亦頹矣。痛惜久之。

○二十四日，微雨，渡江抵報恩寺。輔之同呂又東琮至。知家大夫強飯無恙，中心稍慰。翌日，遍拜當道，梁大將軍以參制府入省，晤語移時。謁制府麻公勒吉。麻爲壬辰同譜，接談甚洽。

○二十八日，雨小霽。勉之從江路東歸。予發長干，抵采石。憶少時從甌寧夫子遊，距今三十餘年矣，江山如故，不無西州之感。○自此歷池州、道九江，跋涉萬山，淫霖浹朝暮，但有征途之苦，如九華、匡廬、石鍾諸勝，寓目而已。

五月望日，渡章江，居停洪氏別業。巡撫董佑君衛國偕藩臬諸君枉顧，置酒滕王閣，觴飲極歡。留四日而行。

六月朔，自萬安溯十八灘，凡三日，行百七十里。大約灘行，水涸則溜急。初伏江漲，水出灘頂，青山碧湍，婉轉搖動，但覺秀色照人，不知其險惡也。抵儲潭，太守孔君興訓、總戎孔君國治率僚佐將吏設席郊迎。

○十二日，任贛關事。與府佐吳延壽代。○使署湫隘，卜築一區，門堂樓室，煥焉改觀。始於是月十六日，成於九月朔二日，始移駐焉。名堂曰君子堂，室曰醉吟室，皆自題。樓曰水部著書樓，則毗陵毛卓人重倬所贈也。毛時以奏銷左遷郡幕。○九月，輔之偕又東歸。

○望日至滕縣臨埠驛辭夏鎮三十里府使君應琦置酒迺勞傳夏鎮埠為地
鎮寰所圯春雨楼亦頹矣痛惜久之

○二十四日微雨渡江抵歎息寺稱之同吕又東琮丞知家大夫經飯無
恙中心稍慰翌日遍拜當道吳大將軍以參制府入省晤語移時
謁制府麻公勒吉麻為壬辰同譜接談甚洽

○二十八日雨小霽勉之從江路東歸予發舟于抵采石憶少時從甌寧
共子游距今三十餘年矣江山如故不無西州之感○自此歷池州道撫九
江跋涉萬山溪霖浹朝暮但已絕塗之苦猶如九華匡廬石鐘諸
勝寓目而已

五月望日渡章江居停洪氏別業比極董佑君衛國偕藩臬諸君
枉顧置酒滕王閣觴飲極歡留四日而行
六月朔自萬安溯十八灘凡三日行百七十里大約灘行水涸則湍急初伏
江漲水出灘頂青山碧湍娛轉操動但覺秀色照人不知其險惡也
抵儲潭太守孔君興訓援成孔君國治率僚佐將吏設席郊迎

○十二日任贛關事與府佐吳庭壽代○使署湫隘卜築一區門堂楼
室煥焉改觀將於是月十六日成於九月朔二日始移駐焉名堂曰君
子堂室曰條冷室皆自題楼曰水部若書楼則毘陵毛卓人重偉所
贈山毛侍御秦錯左遷郡幕○九月輔之偕又東歸

庚戌，康熙九年，五十一歲。

正月，《河渠書》成，凡十八卷。起順治丁酉夏鎮治河時，至此易十四寒暑，屬稿數四，乃底成績。擬以三吳水利爲後集，有志而未逮也。

三月，戶部題差，來代者吏部考功司員外郎金鏷、兵部職方司主事成性、兵部筆帖式科爾坤。〇勉之偕周成子季勳至。

五月十一日，交代。

〇十六日，長行。太守孔君興訓、總戎姚君自強率屬出餞儲潭。

〇十七日，風利，即日抵萬安。向以十八灘爲畏途，今去來皆江漲，灘失其險，雖免下瀨之恐，而石色江聲無從物色，亦一憾也。

〇二十三日，至南昌，泊廣潤門。董中丞偕藩臬出晤。攀留竟月，贈遺成禮。予以親老，擬乞病歸養，董公亟爲咨部。〇輔之復同又東至。

六月二十一日，至吳城。謁張令公廟，登望湖亭，巨浸稽天，匡廬在望，自此即彭蠡矣。

〇二十三日，至南康。風利，不得登廬山。惟望翠屏萬仞，白雲冠之，稽首瞻仰而已。暮至湖口，昏黑不可辨，泊西岸蘆洲中。

〇二十四日，天明，烈風大作，驅浪如山，排擊官舫。自辰至申，欲覆者再。馬船沉水中，所載芳蘭異卉盡餉波臣，僅以此身得免爲幸。

〇二十八日，至蕪湖。我宗奕聞弟爲榷使，偕王君尚禮出迎，即日赴署。

庚戌康熙九年五十一歲

正月河渠書成凡十六卷起順治丁酉夏鎮治河時至此易十四寒暑屬稿數四乃底成續擬以三吳水利爲後集已志而未逮也

三月户部題差來代者吏部考功司員外郎金鋐兵部職方司主事成性兵部筆帖式科爾坤○勉之偕周孩子季勉至

五月十一日交代

○十六日長行太守孔君興訓總戎姚君自強率屬出餞儲潭

○十七日風利即日抵萬安向以十八灘爲畏途今去來皆江漲灘失其險雖免下瀨之恐而石色江聲無從物色亦一憾也

○二十三日至南昌泊廣潤門董中丞偕藩臬出晤擊留竟月贈遺成禮予以積老擬呈病歸養董公亟爲咨部○輔之復同文東至

六月二十一日至吳城謁張令公廟登望湖亭巨浸稽天匡廬在望自此即彭蠡矣

○二十三日至南康風利不得登廬山惟望翠屏萬仞白雲冠之稽首瞻仰而已暮至湖口昏黑不可辨泊西岸蘆洲中

○二十四日天明烈風大作駭浪如山排擊官舫自辰至申水覆者再馬船沉水中所載芳蘭異卉盡飼波臣僅以此身得免爲幸

○二十六日至蕪湖我宗奕閔弟爲榷使偕主君尚社出迓即日赴署

（五十一歲六月後，缺）（此下，即康熙九年六月二十四日後至九月十八日前，缺）

（上缺）之。以是入秋來時與堪輿家經營相度，了無得當者。

九月十八日，兵譟［噪］郡守耿公繼訓。先是，兵缺芻糧已三月矣，諸將佐屢向郡守言，守以藩餉未撥爲辭。梁大將軍素朘削重法，兵陰銜之，欲乘其喪以發難，日過將佐門詬厲。諸將佐曰：『此太守事，何數數過從我門？』中軍王嘉會竟上馬馳府，諸馬兵隨之。中軍與知府取平交，騎馬直入大堂，王欲示意於兵，從大門下馬入。款語移時，執太守手出，諸馬兵譁［嘩］譟［噪］洶洶。守故生長藩下，視漢卒多易之，顧諸卒曰：『尔緑旗兵胡能爲？』卒曰：『顧緑旗兵能爲不能爲，在今日也。』一卒從背後摘守帽所綴珠，衆以爲擊之也，毒毆交下。守欲入，卒闌［攔］之，欲擁至內教場。各營聞變，俱至，趣守乘馬。卒渠某者，復捽之下，竟徒步至教場。時變起倉卒，縉紳城居者，皆舁眷屬出城。余語兩兒曰：『兵譁［嘩］患在殺守耳。血氣既平，則利害橫於中，不復逞也。』人定，日將中矣，予詣府索兩郡丞，兩郡丞相視一室，無生理，謂予曰：『先生可去，何以留？』予笑曰：『僕所以留者，效執干戈以衛父兄之義也。』守遣人促高丞，丞厲色曰：『是飲酒耶？顧數召乃公！』予顧高丞曰：『公斯言悞［誤］矣。朝廷設太守、丞倅以蒞郡事，患難與共。今幸卒不殺守耳，殺守，丞安得免？即幸而詭脫，國法豈得免？』兩丞乃慴［懾］伏曰：『計將安出？』予曰：『計惟集餉贖守耳。』乃至府內治，賓幕咸集。予曰：『府藏金幾何？』曰：『無金，

之以是入秋來時與堪輿家經營相度了無得當者
九月十八日兵譟郡守耿公繼訓先是兵缺餉糧已三月矣諸將佐屢
向郡守言守以藩餉未撥為辭梁大將軍素嚴削重法兵陰銜之
於是衆具表以發難日過將佐門詬厲諸將佐曰此太守事何數數
過從我門中軍主嘉會竟上馬馳府諸馬兵隨之中軍與知府都
平交騎馬直入大堂主至不言於兵從大門下馬入款語移時執太
守手出諸馬兵譁譟洶洶守敬生考藩下視洋卒多易之所諸卒
曰爾綠旗兵胡能為卒曰所綠旗兵能為不能為在今日也一卒從背
後捐守帽所綴珠冢以為擊之也毒毆交下守於入卒閧之於擁
至內教場若營閔變俱至趣守乘馬卒渠某者復捽之下竟徒
步至教場時變起倉卒縉紳城居者皆齎屬出城余語兩兒曰
兵譁意在殺守耳血氣既平則利害橫于中不復逞也人定日將中
矣予詣府索兩郡丞兩郡丞相視一室無生理謂予曰先生可去何
以留予笑曰僕所以留者効執干戈以衛父兄之義也守遣人促高丞
丞厲色曰是欲洒耶所數召乃公乎所高丞曰公斯言悞矣　朝廷
設太守丞倅以蒞郡事患難與共今幸卒不殺守耳殺守丞安得
免耶幸而詭脫　國法豈得免兩丞乃慴伏曰計將安出予曰計
惟集餉賠守耳乃至府內治賓幕咸集予曰府藏金幾何曰無金

但有錢八百緡。』予曰：『是不盈千金，胡以贖守？』揖高丞曰：『聞婁庫有六千金，令素狡獪，非公不能制。』高即馳馬往。王丞曰：『老子亦有鞭策乎？』予曰：『華令董，君子也，公往悉發其帑金，彼不敢辭。』王亦去。予歸，語兒輩曰：『聞缺餉乃四萬金，今悉索藏金，可及萬耳，胡以贖守？聞戎旗師君宗舜者，當梁重法朘削時，輒極口諫，梁亦陰用其言，故士卒皆心德之。城守張君國俊者，受大將軍遺命，能操縱內外事。此兩人與我交，言之而得，守立脱也。』亟往語兩君。兩君皆踴躍身任其事。師至軍中，張至梁夫人所，皆得當。兩君故武夫，耿亦少年不解事，計於夜間散眾，不欲揚其事也。夜半，耿遣僕數至，予不已往，兩丞先在，語故，予笑曰：『四萬金豈可夜散者。是火已滅而復撩之也。守若以晨歸爲嫌，昨徒步至教場，眾耳目可掩耶？』卒以天明發餉，皆張君所遊説梁夫人金也。眾散，郡守耿公亦歸。事聞，誅首事者，而削嘉會官。

但有錢八百緡予曰是不盈千金胡以贖守揖焉丞曰聞妻庫呂六千金
在東役檜犯公不能制焉即馳馬往主丞曰老子亦有鞭策乎予曰華
令營君子也公往遂發其帑金彼不形翁主亦去予歸語息華曰
聞缺餉乃四萬金今悉宗藏金可及萬耳胡以贖守聞我族帥
君宗彝者嘗梁重法脫削時觥極口詆梁亦陰用其言於士卒皆
心德之埭守張君國俊者受大將軍遺命能操縱內外事此兩人與
我交言之而得守主脫也巫往語兩君兩君皆踴躍身任其事帥至
軍中脫至梁夫人所皆得當兩君故武夫耿亦少年不解事計于
夜間散衆不外揚其事也夜半耿遣僕數至予不已往而丞先在
語於予歎曰四萬金豈可夜散者是火已滅而復撩之也守若以晨
歸為嫌昨迄步至教場衆所目可掩耶卒以示明發餉皆張君所
遊說梁夫人意也衆散郡守耿公亦歸事 聞誅首事者而削嘉
會官

壬子，康熙十一年，五十四（三）歲。

三月，奸民以糧案羅致郡紳。〇先是，辛亥兵譁［嘩］，婁令孟道脉［脈］請借郡紳糧以資兵餉，予與王農山廣心、周釜山茂源、王印周日藻與焉，皆不得已也。未幾，令被劾去官，漕蠹蝕漕無算。糧道遲日震，貪黷而昏暴，思得旁竇以利運。李廣、杜平者，漕胥爪牙也，伺遲意旨，乃以盜漕中郡紳，日震多端羅致，眾情恐恐。予堅持不動，後亦屈於理，寢焉。然不虞之侮，糾牽五十日，亦可怪也。

五月，江浙兩撫會請開吳淞江、劉河，得旨以漕折從事。〇浙屬嘉、湖二郡，連年水旱不時。議者以吳淞江、劉河爲太湖尾閭，下流不疏，則上流多壅，故范中丞承謨會請疏濬。得旨，以漕折十四萬興工。予居憂，見任事者皆北人，不習兩江故事，馳書范中丞。范即以條議移江撫，而敦請會議之説出矣。

七月，奸人以舊圖派夫譁［嘩］郡紳於明倫堂。〇自均田邪説行，而人自爲圖，版籍遂不可問。今將開江派夫，憑何勾逮？工胥與圖蠹始議派之舊圖，而屬舊圖里胥開派，弊端日出，甚有報一督工老人，費至四五十金求免者，鄉城閧［哄］然。予上書慕方伯，未報。是月望日，月食，鄉民俟郡守耿公護月，圍擾竟夜。耿故恇怯，慮復蹈兵譁［嘩］故事，次日，詭邀郡紳會議府學。予已知其將卸責於諸

壬子康熙十一年五十四歲
三月奸民以糴案羅毀郡紳
先是辛亥兵譁婁令孟道脈請借郡紳糴以資兵餉予與王農山廣
心周釜山茂源王即園日藻與焉皆不得已也未幾令被劾去官漕蠹蝕
漕無算糴道遲日~~藻~~震貪黷而昏暴思得旁實以利運李廣杜平者
漕胥承牙也伺遲意旨乃以盜漕中郡紳日震多端羅毀衆情怨怨予
堅持不動後亦屈於理寢焉然不虞之侮絆章五十日亦可怪也
五月江浙兩撫會請開吳淞江劉河得　旨以漕折從事
浙屬嘉湖二郡連年水旱不時議者以吳淞江劉河為太湖尾閭下
流不疏則上流多壅故前中丞范承謨會請疏濬得　旨以漕折十四萬
興工予居憂凡任事者皆北人不習兩江故事馳書前中丞范即以
條議移江撫而敦請會議之說出矣
七月奸人以舊圖派夫譁郡紳於明倫堂
自均田郵說行而人自為圖啟以籍遂不可問今將開江派夫遇何
勾逮工胥與圖蠹始議派之舊為而屬舊圖里胥開派弊端日出甚
有款一替工老人費至四五十金求免者鄉埒閧然予上書慕方伯未
報是日望日月食鄉民俟郡守耿公護月圍擾竟夜耿亦恒怯慮
復蹈兵譁故事次日詭邀郡紳會議府學予已知其將卸責於諸

紳也，而周釜山茂源、袁若遺國梓強予偕出。比至，而耿果誘之於紳，登輿徑行。衆乃洶洶不可遏，幾成亂端，翼辰乃定。皆奸人李廣、杜平前毒未發，故糾集亡命爲之也。

八月，江撫檄郡伯敦請吳門議開江事宜。〇時劉河將竣，當事見予范中丞書中有『目前劉河已開，疏濬無法，與無濬同。今以不習之官，役不習之人，爲不習之事，以數萬金之異數，付之一擲，不大可痛惜哉』等語，胸中已多不快。至公議時，大率皆齟齬不合，而蘇守郭羅尤拂理畔經，率憑私臆。如議中請專官，嚴丈勘，開垂虹之口，建新洋之閘，役應完漕折之戶，皆開江急着，辯難往復，終成築舍。

按漕折以定夫數議略：每年蠲折曠典，往往部文未下之日，小民苦於追比，已有完其大半者矣。及部文將到，則比者愈酷，完者愈盈。其奸頑之輩，竊計以爲將有蠲折也，寧出壓比之錢，早爲買荒之計。故派荒之日，真荒者一二，以熟作荒者得其七八矣。於蠲荒之中，而又得改折，改折而又不在現年。窮鄉之民，有始終不得聞其盛者矣。奸民與圖蠹比，圖蠹與衙蠹比，上司之蠹與下司之蠹比，而數萬之折，鄉紳士庶得其三，而蠹役得其六七矣。迨完銀於官，必自紳衿良民始，諸蠹之中，稍良者先完，稍奸者

紳也而周釜山茂原素若遺國樺弦亍偕出北去而耿果諉之於紳
登與經行四衆乃洶洶不可遏幾成亂端翼辰乃定皆奸人李廣杜平
前毒未發故糾衆亡命為之也

八月江按撫郡伯敦請吳門謀開江事宜○

時劉河將竣要事見于范中丞書中有曰前劉河已開疏濬
無法與無濬同今以不習之官役不習之人為不習之事以數萬
金之巨數付之一擲不大可痛惜哉等語胷中已多不快至公
謀時大辛皆齟齬不合而蘇守郭四維尤拂理畔經卒憑私臆如
謀中請寄官嚴文勘開垂虹之口建新洋之閘役雇究漕折之
户皆閧江無着辯難往復終成築舍

按漕折以定夫數議畧　每年蠲折曠典往往部文未下之日
小民苦於追比已有完其大半者矣及部文將到則比者愈酷
完者愈盈其奸頑之輩竊計以為將有蠲折也寧出壓比之
錢早為買荒之計故派荒之日真荒者一二以熟作荒者得其七
八矣於號荒之中而又得改折改折而又不在現年窮鄉之民有
始終不得閱其毫者矣奸民與胥蠹比胥蠹與衙蠹比上司之蠹
與下司之蠹比而數萬之折鄉紳士庶得其三而蠹役得其六七矣
追完銀於官必自紳衿良民始諸蠹之中稍良者先完稍奸者

後完，大奸大滑者始終不完矣。今若使之按銀計方，從事於畚鍤，在良民必以爲便，此輩必以爲非便者。蓋良民以必不可已之事，而竭力於農隙之時，其事省於輸銀。諸蠹以本不必完之糧，而率作於雇募之煩，其憾同於加派也。況大工之興，派夫有弊，分工有弊，給食有弊，催儹稽核有弊。之數弊者，必假手於二蠹之中。今使完漕者，各自開其應得之方，則諸自絕。之二蠹者，不惟無所染指於其間，而反得拮据任事之勞，必多方飾說，倡爲異議，以欺罔有司之耳目，而務撓其成。所謂形格勢阻而難通者，此也。〇時開江官帑十萬，民間雇募三倍之。倘行此議，所省民力無算，故録示後。

十月，蟲災。〇藩伯縛奸人置於獄。〇是秋，高低田大熟，以六月久雨，蟊賊伏於根節，九月下旬，忽成糜爛，十損八九，水鄉全荒。〇李廣、杜平自發難郡紳之後，驕驁自得，舞文把持，幾成虎冠矣；方伯慕公天顔廉得其實，列款揭報，檄府縛置於獄，眾情大快。

十一月朔七日，大祥。〇哭奠帷堂，始易禫服。

後完大奸大滑者始終不完矣今若使之按銀計方從事於畚鍤在良民必以為便此輩必以為非便者蓋良民以必不可已之事而竭力於農隙之時其事着於輸銀諸蠹以本不必完之糧而辛作於催募之項其憾因於加派也況大工之興派夫有契分工有契給食有契催償稽核有契之數契者必假手於二蠹之中今使完漕者各自開其匯局之方則諸自絕之二蠹者不怪無所染指於其間而反得拮据任事之勞必多方飾說倡為異議以欺罔有司之耳目而務撓其柔所謂形格勢阻而難通者此也○時聞江官幫十萬民間催募三倍之偽行此議所省民力無算故錄示後

十月蟲災○潘伯縛奸人寘於獄○

是秋高低田大熟以六月久雨蟊賊伏於根節九月下旬忽成糜爛十挨八九水鄉全荒○李廣杜平自發難郡紳之後驕鷙自得辨文把持黌生序冠矣方伯慕公天鄰廬得其實列款揭款檄府縛寘於獄衆情大快

十一月朔七日大祥○

哭奠帷堂始易禫服

癸丑，康熙十二年，五十四歲。

二月十七日，除服。〇先大夫之棄不孝孤也，至是蓋二十有八月矣。歲月不居，音容漸遠，先期進主於尤墩先祠，祧五世祖鶴洲公主。至日祭奠、除服，闔室慘然。

三月朔日，入都候補。〇年逾五十，老大無成，投林之志已決，以當道勸駕情殷，敦趣日至，勉爾脂車，殊違初願。是日郊餞者，郡守耿逸庵、提督王公定及郡佐將領。日下晡，至錘賈山而別。同行者平遠、又東及次兒勉之。

朔八日，廣陵登陸，取道山左，與成子、謀卓、大兒輔之言別。

二十七日，抵京師。寓慈仁僧舍。

六月朔日，吏部驗到。

七月二十五日，得補工部虞衡清吏司製造庫郎中，時歷正郎俸已四年有八月矣。遣勉之南還。

八月朔八日，乾清門引見。十二日，命下。

二十日，上製造庫任。〇已卜二十四日矣，適是月外缺有陝西洮岷道、雲南開化府、廣西慶遠府、江南松江府。松雖大郡，以賦煩，守令無善全者，餘俱邊荒，人情所畏憚。督捕郎中姚𢢃者，資序應及，賄選司促予到任，一日三四至。太宰郝公雅知非體，亦無可如何也。到任日，即出序推升，舉朝

癸丑康熙十二年五十四歲

二月十七日除服○先大夫之棄不孝孤也至是蓋二十有八月矣歲月不居音容漸遠先妣進主於尢壞先祠祧五世祖霍洲公主至日祭奠除服闔室慘然

三月朔日入都候補○年逾五十老大無成投林之志已决以當道勸駕情殷殷趣日至勉爾脂車歸途初願是日郊餞者郡守耿逸菴提督王公定及郡佐將領日下晡至鍾賈山而別同行者平遠又東及次兒勉之

朔八日廣陵登陸取道山左與成子謀卓大兒輔之言別

二十七日抵京師寓慈仁僧舍

六月朔日吏部驗到

七月二十五日淂補工部虞衡清吏司製造庫郎中時歷正郎俸已四年有八月矣遣勉之南還

八月朔八日乾清門引見十二日命下

二十日任上製造庫任○已卜二十四日矣適是月外缺有陝西洮岷道雲南開化府廣西慶遠府江南松江府松雖大郡以賊頻守令無善全者餘俱邊荒人情所畏憚補郎中姚㰚者資序應及囑選司促予到任一二三四日至太宰郝公雖知非能亦無可如何也到任日即出序推陞舉朝

咸爲不平。
二十五日，掣得分巡洮岷道按察司僉事。岷雖邊徼，不失爲監司，太宰郝公惟訥、少宰陳公敳永咸額手稱慶。
九月朔八日，引見朝清門。十二日，命下。
十月朔六日，吏部領憑。計京師至岷州衛，三千九百里，限十二月二十九日爲滿。
十五日，辭朝。時上在南海子，近例得望闕叩頭。同辭者，我郡守劉公檑也。
二十日，輔之入都。行期未定者，待輔之至也。至是辭客，舉朝贈詩者及二百餘篇，無非爲大申惋惜者。作《隴西行》留别同人，且以見志。
序曰：癸丑十月，大申將有隴西之役。同志諸君子，謀爲詩文，以寵其行。自维淹頓郎署二十餘載，匏繫濩落，老至無成，昨者之來，冀遂初志。受命未浹旬，即除西徼，邊地荒涼，無所取裁。犬馬寸誠，尚思鞭策，而縱之閒散，畢其草木之年，良可哀也。昔者潘岳除令，乃賦《西征》；杜甫懷忠，《秦州》有作。一以依附失所，抱疚之官；一以生遭亂離，飄搖旅食。雖賢佞殊途，而抑鬱不聊，同於失志，其趨一也。僕生當明盛之朝，身事右文之主，上不能發揚文章，趨走承明之廬，拾遺補闕；下不能竭其股肱之力，推誠潔志，隨地效勤。既鮮子文之忠，乃

咸爲不平
二十五日蒙淂分巡洮岷道按察司僉事　岷雜邊徼不失爲監司太宰
鄒公維訥少宰陳公毅永咸額手稱慶
九月朔八日引見　朝清門十二日　命下
十月朔六日吏部領憑計　京師至岷州衛三千九百里限十二月二十九日爲
滿
十五日辭　朝時　上在南海子近例淂望　闕叩頭同辭者戴郡守
劉公標也
二十日輔之入　都行期未定者待輔之至也至是辭客岸朝贈詩
者至二百餘篇無非為大中惋惜者作隴西行苗別同人且似見志
序曰癸丑十月大中將至隴西之役同志諸君子謀為詩文以寵其行
自維海頑郎署二十餘載匏繫濩落老至無成昨者之來冀遂初志
受命未浹旬即除西徼邊地荒涼無所取裁犬馬寸誠尚思粗效而
縱之閒散畢其草木之年良可哀也昔者潘岳除令乃賦西征杜甫
悵忠秦州至作一以依附失所抱哀之官一以生遭亂離飄揺旅食雖
賢佞殊途而抑欝不聊同於失志其趨一也僕生當　明盛之朝
身事　右文之主上不能發揚文章趨走承明之庭拾遺補闕
下不能竭其股肱之力推誠潔志陋地效勤既鮮子文之忠乃

三已而猶仕；慙[慚]無柳下之直，雖未黜而長辭。命之不辰，敢有尤也？因撰《隴西行》一篇，以別同人而答贈者。古之君子，將有求於人也，必先自見其志。國僑賦詩，而趙孟受《隰桑》之卒章。僕亦猶行古之志也。

二十五日，飲餞而出，取道山右。以秦督哈公占同日行，不便於郵傳，復留天寧寺中。

十一月朔一日，長行。同行者兒子輔之及老友陸平遠，其龔君明侯、李君天衢、吳君燦若，皆吳門人，工音律，攜之西行，聊以解我鬱陶也。

十五日，太原長至。同大中丞達公爾布、土方伯克善、賽音憲長達里、魏憲副執中、謝學憲觀鼇祝省堂。

二十日，袁若遺太守招飲平陽署中。

十二月朔二日，抵西安府，謁杭大中丞愛，獲晤同年洪學憲琮。

二十一日，抵岷州衛。是役也，馳驅關隴，濟河浮渭，凡五十餘日，艱苦備嘗，乃得達岷。其荒涼之狀，使人一見色沮。

二十二日，上洮岷道任。署事者，撫民同知李君即龍。道署不戒於火，駐御史行臺。開讀敕諭一道：

勅[敕]陝西洮岷道：茲命爾整飭洮岷道事務，駐劄[紮]岷州，管轄洮、岷、階、文、成、漳五州縣、西固一所等處地方，其衛所經管錢穀各官，仍照舊聽爾

三已而往任丞簽柳下之直雖未黜而長辭命之不辱死己忘也
因撰隴西行一篇以別同人而答贈者古之君子將自求於人也必
先自見其志國僑賦詩而趙孟受隰桑之卒章僕亦程行古之
志也
二十五日飲餞而出所道山右以秦晉哈公占同日行不便於郵傳滋
留天寧寺中
十一月朔一日長行同行者兒子輔之及老友陸平遠其龔君明岩李
君天衢吳君燦若皆吳門人工音律携之西行聊以解我君鬱陶也
十五日太原古丞同大中丞達公爾布土方伯克善賽音憲長達里魏憲副
執中謝學憲觀鼇祝省垣
二十日袁若遺太守招飲平陽署中
十二月朔二日抵西安府謁撫大中丞愛護晤同年洪學憲琮
二十一日抵岷州衛是役也馳驅關隴濟河浮渭凡五十餘日艱苦備嘗
乃得達岷其荒凉之狀使人一見色沮
二十二日上洮岷道任署事者岷同知李君印龍道署不戒於火駐
御史行臺開讀
敕諭一道勅陝西洮岷道茲命爾整飭洮岷道事務駐劄岷州管轄洮岷階
文徽漳五州縣西固一所等處地方其衛所經管錢穀各官仍照舊聽爾統

統轄。首在撫綏黎民，勤宣德意，約束衙門官吏胥役，使之恪遵法紀，無致作弊生事，擾害官民。監司本源既正，方可表率屬員，用循職業。宜加意修濬城池，積聚糧餉，捕緝盜賊，稽查逃人。仍誡諭有司，簡訟清刑，潔己愛民，生聚教訓，共圖保障。凡係流移人戶，須設法招徠，各復本業，不許奸人借端詐害。如大兵征討，經由地方，糧草舟車，皆當通融預備，以待臨時支給，事竣報核，毋容有司朦朧橫派，重困小民。所屬番族，分住關隘內外，須彈壓綏輯，恩信聯絡，使茶法通行，市馬蕃盛。仍驗掛階、洮、岷、文等營堡餉冊，所屬官員，有貪殘溺職者，轉報該督撫參處。尓仍聽督撫節制，年終將行過事蹟［績］，開送該撫咨部察考。尓受茲委任，須持廉秉公，殫心竭力，使小民樂業，斯稱厥職。如或貪黷乖張，因循怠忽，貽悞［誤］地方，責有所歸，尓其慎之。

故勅［敕］。

此稿起於康熙己酉，凡五易歲琯，四更刪補，始成於今年甲寅二月。計奉使虔州，蒲伏倚廬，偶有省憶，即記簡端。恒恐歲月不居，老將至而坐失之也。今者變起倉卒，羽檄若流，自顧此身蓬飄雨絕，不有記述，何以示我後人哉？興言及此，能無憂生之嗟！

記事五十四年，書成五十版，皆手書。

堪齋貽示輔之、勉之、采之。

統轄首在撫綏黎民勤宣德意約束衙門官吏督彼使之恪遵法紀無致作弊生事擾害官民監司本源既正方可表率屬員用循職業宜加意脩濬塘池積聚糧餉捕緝盜賊稽查逃人仍誡諭各司簡訟清刑潔己愛民生聚教訓共圖保障凡係流移人户須設法招徠安渙本業不許奸人借端詐害如大兵征討經由地方糧草舟車皆當通融預備以待臨時支給事竣報核毋容有司朦朧撮派重困小民所屬番族分任關隘内外須彈壓綏輯恩信聯絡使茶法通行市馬番羌仍驗掛階洮岷文等營糧餉册所屬官員有貪殘溺職者特參該督撫參處爾仍聽督撫節制年終將行過事蹟開送該撫咨部察考爾受茲委任須持廉秉公殫心竭力使小民樂業斯稱厥職如或貪黷無張因循怠忽貽悞地方責有所歸爾其慎之故勅

此稿起於康熙己酉凡五易歲稿四更刪補始成於今年甲寅二月計奉使虔州蒲伏倚廬偶有省憶即記簡端恒茲歲月不屋老將至而坐失之也今者交趾倉卒羽檄若流自顧此身遂飄雨絕不有記述何以示我後人哉興言及此能無憂生之嗟

記事五十四年書成五十版皆手書　堪齋貽示補之勉之承之

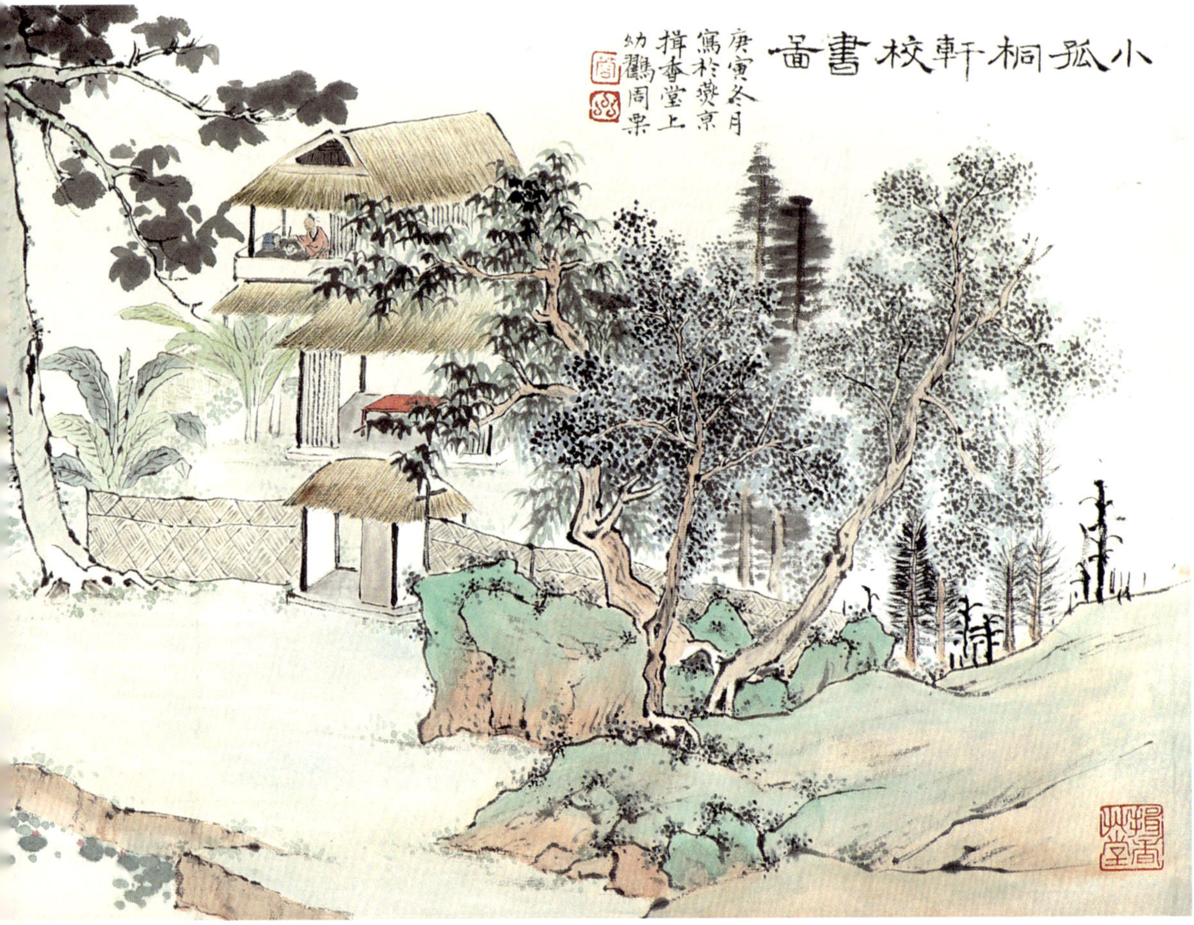
小孤桐軒校書圖
庚寅冬月
寫於燕京
擷香堂上
幼鸝周棨

小孤桐軒校書圖

周栗繪

《顧大申自訂年譜手稿》校後記

年譜是以編年的形式記載個人生平事蹟的一種著作方式，其撰寫一般是後人就其著述及史籍所載事實考訂編次而成。明清以來，也有一定的自作年譜存世。就國內館藏而言，清初王兆吉所撰的《自敘年譜》當爲國內存世最早的自作年譜。此譜所記年代起於明萬曆元年癸酉（一五七三），終於清順治四年丁亥（一六四七）。《北京圖書館藏珍本年譜叢刊》第六十四冊收録此稿。

值得慶幸的是，寒齋在數年前亦有緣收藏一部清初人自作年譜，這部年譜就是本次影印及整理出版的《顧大申自訂年譜手稿》。據後收藏印鑒可知此譜曾經現代著名學者施蟄存先生收藏，爲海內孤本。始於明天啓三年癸亥（一六二三），終於清康熙十二年癸丑（一六七三），譜主時年五十四歲。譜尾有譜主顧大申題記一段曰：『此稿起於康熙己酉，凡五易歲琯，四更刪補，始成於今年甲寅二月。計奉使虔州，蒲伏倚廬，偶有省憶，即記簡端。恒恐歲月不居，老將至而坐失之也。今者變起倉卒，羽檄若流。自顧此身蓬飄雨絕，不有記述，何以示我後人哉！興言及此，能無憂生之嗟！記事五十四年，書成五十版，皆手書。堪齋貽示輔之、勉之、采之。』

從題記可知，年譜譜主顧大申是一六六九年開始寫這部年譜的，成於康熙甲寅（一六七四）年二月。用了將近六年時間，期間『凡五易歲琯，四更刪補』，足見用心良苦，正如譜主所言『不有記述，何以示我後人哉』。這個『後人』，就是題記中提到的『輔之、勉之、采之』，他們是譜主顧大申的三個兒子。堪齋是譜主顧大申的號。

譜主顧大申是明末清初著名學者、詩人、書畫家和水利專家。生於明天啓元年（一六二一），字震雉，號鶴巢，一號見山，江南華亭（今上海松江）人。清順治九年（一六五二）二甲六名進士，官工部郎中，分司夏鎮河道，升洮岷道僉事，卒於官。大申爲官二十餘年，勤敏能幹，究心經濟，尤精通水利，政績斐然。《清史列傳・文苑傳一》記他『官夏鎮河道時，節省公費，以築鎮城。設兩湖書院以造士，人服其廉幹』云云。現在上海的五大古典園林之一——醉白池公園，就是顧大申在清代順治朝任工部主事時重加修建的。

顧大申從政之餘，兼事丹青，在清初畫壇很有影響，是繼董其昌之後松江畫派又一代表畫家。周亮工《讀畫録・方亨咸傳》云：『海內士大夫以畫名家者，程青溪（正揆）、顧見山（大申）及侍御（方亨咸）可稱鼎足。』俞劍華《中國美術家人名辭典》稱其『博雅喜文辭，善書畫，山水遠師董巨，近法董其昌，尤善設色，高出時流，蕭然遠俗』。《中國古代畫家辭典》（浙江人民出版社）説他『熔諸法於一爐，去時流之弊，超然脱俗。所作筆力蒼勁，用墨淋漓，清和圓潤，卓有風情，爲松江派之後勁』。顧大申留傳後世的繪畫作品不多，見於記載的有順治九年作《秋日山居圖》軸，圖録於《中國歷代名畫集》；康熙三年（一六六四）作的《老松飛瀑圖》和康熙八年（一六六九）的《寒林高士圖》，早已流入日本；常熟博物館藏有一幅他的《幽谷晴峰圖》，已經是非常難得了。

顧大申傳世的書法作品更少，筆者目前所能見到的書法資料除一幅行書扇面外，就是這部《年譜》了。

顧大申在清初『詩名頗盛』。王士禛《古夫于亭雜録》之《顧大申》條云：『善丹青，尤工設色。爲詩精深華妙，兼有寄託，在松江派中大樽之下，諸人之上。嘗刻《詩》三百篇及《楚詞》《選》詩爲一書，名曰《詩原》。』沈德潛《清詩别裁集》卷三選大申詩八首，稱其『古今體氣足神完』，可以接步陳子龍。民國徐世昌《晚晴簃詩話》卷二十五云：『見山詩有高華者，有悲壯者，如「地隨督亢依山盡，河控桑乾入塞來」「荒城野戍鳴秋柝，海嶠孤臣冷葛衣」，猶有七子遺響。』近人錢仲聯主編的《中國文學家大辭典・清代卷》對顧大申介紹較詳，摘録如下，從中可以概見他的文學經歷：

明崇禎間，（顧大申）與彭賓、王廣心、盧元昌等在里舉贈言社。入清，又與宋婉、張憲、

吳懋謙等作社集。嗜詩，交宋征輿、施閏章、王士禎等詩壇名家。著有《堪齋詩存》八卷，由《鶴巢集》《燕京倡和集》《泗亭集》自刪而成，《四庫全書總目》云：『陳伯璣撰《國雅集》，稱其樂府與古人可謂毫髮無遺憾，七律高華，可追王（世貞）李（攀龍）』云云。

顧大申還是一位卓有成就的學者。他在公務之餘，耽於繪事並精研畫旨，不廢吟詠並探究詩理。著有《畫塵》八卷，編有《詩原》二十五卷，含《毛詩》四卷、《楚辭》五卷、《選詩》五卷、《選賦》四卷、《唐詩》七卷，『於詩教頗有裨益』（清史列傳·文苑傳·顧大申）。康熙二年（一六六三）他和宋征輿等共纂《松江府志》，分敘水利、兵防、文苑等。可見他在地方史志方面也有貢獻。此外，顧大申還精通水利，治河經驗丰富。康熙九年，吳越水災，大申疏言浚三江故道解吳越水患，得到朝廷採納。可貴的是，顧大申能夠結合治河實踐，研究寫成《河渠志》十八卷、《圖經》二十八篇（《年譜》中有明確記載），這是非常有價值的水利文獻。從這個意義上講，顧大申還是一位理論與實踐都相當出色的水利專家，他在水利方面的成就和貢獻值得做專門研究。

由於顧大申在政治、文學和繪畫等方面的重要影響，加之譜主處於明清鼎革的特殊時期，因而這部《年譜》具有非同尋常的史料價值。明末清初數十年間政治、經濟、文化和民風習俗等在《年譜》中都有客觀真實的反映。比如，《年譜》崇禎十七年甲申記曰：

三月十九日，闖賊李自成自居庸入寇京師。崇禎帝死社稷。賊拷掠京朝官，楚毒倍至。其迎降者，反顏受僞官。四月報至，吳中人情皇皇，疑信相半。傳聞賊渠某者，有所要索於大將軍吳三桂之父，不應。書寸紙遣飛騎縋出，曰：『賊逼我甚，將不免。汝急求援，爲先帝復仇也可，爲活爾父也可。』大將軍得書，亟求援於東朝，諸王公以下疑未決，今上叔九王者，折箭誓吳，率五萬人同行。師抵一片石，賊已燔宮闕，鼓行而前，步騎號四十萬，拒十五里營焉。大將軍假東師白帽萬具，領所部衝鋒。會風霧競野，吳率一軍潛出賊後，腹背夾攻。賊殊不經意。比霧解，望見白帽，大叫曰：『東師至矣！』棄甲奔竄。大將軍遣一軍追之，大兵入京師，招撫殘黎，葬崇禎帝，成禮。乃定鼎改元，國號大清。

這一段寫得情景交融，繪聲繪色，既是一篇聲情並茂的紀實散文，更是瞭解明清易代的一份珍貴史料。

再如，《年譜》順治九年壬辰記曰：

二月，點定主考，學士胡統虞，常德人，學士成克鞏，大名人，房考呂宮等十八人入闈。前場題：『君子有大道』二句，『參乎吾道』全章，『經正則庶民興』。榜發，取程可則等四百人。大申爲《詩》二房，鄉同年程先生芳朝所薦，中式一百九十一名。同鄉李素心愫六十一名，施及甫維翰一百三十四名，李方思廷棨一百一十名，許方來啓源一百三十五名，徐謙六士吉二百五十七名，沈貞蕤荃一百三十六名。故事，房師必三謁乃見。予以鄉同年故，初謁即延見成禮。大申再拜，師亦再拜。答年弟帖。謁者曰：『今日行同年禮也，三日見則行師生禮矣。』師曰：『年兄有何隱行，致已失復售。』大申謝不敢當。師曰：『君卷至，本房中卷已及額矣。平生領落卷，見房考不置筆，心竊憾之。故復加批閱，不忍釋手。』《書》二房馮易齋溥見之，曰：『此爲顧見山筆無疑。』兩人擊節歎賞。例不得復薦。適本房有二場不至者，因白主司補之，故名次稍後。及榜定，向所失二場卷故在案頭。豈非造物者之故迷人目耶！』愧謝而出。同門二十五人，漳州張居昌、安陸陳其美、泰州俞鐸、同郡李愫、無爲州沈志彬、江陰陸璿、濮州張蓋、瀋陽范承謨、江寧張芳、臨潼張志尹、任丘張厥脩、惠安黃雲蒸、登豐耿介、進賢饒宇栻、海寧查培繼、豐城熊僔鶴、永嘉王錫琯、東平廖元發、仁和金漸皋、安陽許纘、真寧彭翮、掖縣張含輝、渭南劉必暢、遼陽夏世安。時大宗伯知貢舉，子弟姻婭俱不售。因摘首題主用人者爲背注。特遣大學士烏黑范文程、洪承疇、甯完我，學士劉清泰、張端，同禮部堂上官磨勘，停革程可則等四十五人，同門三人，陸璿、金漸皋、夏世安也。兩主考鐫級有差。

三月十五日，殿試。大申制策二千言，條對

盡意，書亦周楷，薄暮而出。

二十六日，讀卷官出朝，掖縣張師亟報大申曰：『君卷爲孟大司寇明輔所薦，洪漳浦已置第一矣。』

二十八日，將啓奏。大學士甯完我以避痘不與讀卷。忽至天安門，索進呈卷。閱畢，欲盡易前三卷。漳浦不從，甯曰：『公等所取，皆不能無議，我欲用不合格者。』因以錫山鄒忠倚等易之。鄒乃己丑補殿試者，例不列鼎甲，故有『壬辰無會狀』之謠。久而知乃行賄得之，敢於去取任意乃爾。臚唱時，大申名在二甲六名，以讀卷官爵位爲次序也。

此段記述順治壬辰科科考事頗詳。從《年譜》記載看，顧大申似有高中狀元之望，『洪漳浦已置第一矣』。但因爲鄒忠倚等行賄而屈居二甲六名，等等。這也爲我們瞭解清代初期科舉選士打開了一扇窗口。

康熙三年，大申母親許宜人去世。《年譜》中記述『各方弔唁者四百餘人。自政府、九列、臺省以下，無不束芻酹奠』。知名者有孫承澤、王崇簡、魏裔介、徐元文、李霨、徐乾學、宋征輿等朝廷要員、文壇名士。對於研究清初喪事習俗、考證顧大申的交遊等頗具參考價值。

《顧大申自撰年譜》稿本距今已有三四百年的歷史了，能夠保存下來已非易事，其文物價值是不言自明的。此外，整部《年譜》爲顧大申親筆手録，有數萬字之多，均以小行楷書之，點畫勁健，書風樸茂古雅，稱得上是罕見的書法珍品了。

正是鑒於此稿所具有的多重價值，今予以影印出版，以饗當世博雅君子。同時，本人亦不揣淺陋，將全譜文字試作釋讀標點。在整理此譜過程中曾得到吉林省收藏家協會溫加社兄、華東師大古籍所丁小明兄的幫助，惠我良多。周退密、來新夏兩位先生俯賜耑題（來老題耑爲趙胥社兄代求，今來老已歸道山，不及見年譜出版，憾憾）。陳復興先生慨然撰序，對我奬掖有嘉，愧不敢當！宏泉、周栗兩社兄合繪『見山自在圖』以贈。凡此種種，不惟增光書冊，亦可見斯文不歇，古風古道，當與大申此譜並存不朽。

乙未夏初小孤桐軒主人撰於京華

小孤桐軒讀書圖
吳香洲繪許宏泉題

上海松江醉白池

圖書在版編目（CIP）數據

顧大申自訂年譜手稿 / (清) 顧大申撰, 劉鳳橋點校 . —北京: 國家圖書館出版社, 2016.1
ISBN 978-7-5013-5690-4

Ⅰ . ①顧··· Ⅱ . ①顧······ ②劉··· Ⅲ . ①顧大申—年譜 Ⅳ . ① K827=49

中國版本圖書館 CIP 數據核字（2015）第 248838 號

書　名　**顧大申自訂年譜手稿**

著　者　[清] 顧大申 撰　劉鳳橋 點校
責任編輯　王燕來
裝幀設計　一點文化 · 邱特聰 010-87896477

出　版　國家圖書館出版社（100034 北京市西城區文津街 7 號）
（原書目文獻出版社　北京圖書館出版社）
發　行　（010）66114536　66126153　66151313　66175620
66121706（傳真），66126156（門市部）
E-mail　nlcpress@nlc.cn（郵購）
Website　www.nlcpress.com（投稿中心）
經　銷　新華書店
印　裝　北京盛天行健藝術印刷有限公司
開　本　889*1194 毫米　1/16
印　張　11.5
版　次　2016 年 1 月第 1 版　2016 年 1 月第 1 次印刷

書　號　ISBN 978-7-5013-5690-4
定　價　480.00 圓